Martina Steinkühler

Religion mit Kindern 4

Materialien für die Grundschule

Beratung und Mitarbeit
Beate Peters, RPI Loccum
Michael Landgraf, PTI Neustadt (Pfalz)

In Zusammenarbeit mit der MATTHIAS-FILM gemeinnützige GmbH

Mit zahlreichen Abbildungen und digitalem Material unter
www.v-r.de/Religion_mit_Kindern_4
Code: G9ut8KW5

Vandenhoeck & Ruprecht

Die Textauszüge in **M1.18**, **M7.3**, **M7.5**, **D7.8**, **M7.9**, **M7.10**, **M7.14** sind entnommen aus *Das wilde Määäh* von Vanessa Walder, © 2014 Loewe Verlag GmbH, Bindlach. Illustrationen von Falk Holzapfel

Umschlagabbildung und Illustrationen: Rebecca Meyer (Wachtberg)

Bibliografische Information der Deutschen Nationalbibliothek

Die Deutsche Nationalbibliothek verzeichnet diese Publikation in der Deutschen Nationalbibliografie; detaillierte bibliografische Daten sind im Internet über http://dnb.d-nb.de abrufbar.

ISBN 978-3-525-77012-2

Weitere Ausgaben und Online-Angebote sind erhältlich unter: www.v-r.de

Layout und Satz: textformart, Göttingen | www.text-form-art.de
Druck und Bindung: ⊕ Hubert & Co GmbH und Co. KG, Robert-Bosch-Breite 6, 37079, Göttingen

Gedruckt auf alterungsbeständigem Papier.

Inhalt

Religion mit Kindern

Angebot und Konzept

Das Wichtigste in Kürze

- *Religion mit Kindern* ist ein kompletter Lehrgang für die Klassen 1 bis 4. Er berücksichtigt die Vorgaben der aktuellen Curricula und den neuesten Forschungsstand der Religionspädagogik und Fachdidaktik.
- *Religion mit Kindern* ermöglicht Methodenvielfalt und bietet eine Vielzahl fruchtbarer Impulse. Medien und Materialien sind so eingebettet, dass sie subjektbezogenes und nachhaltiges Lernen fördern.
- *Religion mit Kindern* bietet Ihnen neben roten Fäden die Flexibilität, die Sie brauchen, um Ihrer individuellen Aufgabe gerecht zu werden: Nach dem Bausteinprinzip stellen Sie aus dem Komplettangebot Ihren Weg durch das Schuljahr zusammen. Übersichtliche Jahrestafeln mit einer Klassifizierung der Bausteine nach Kompetenzen unterstützen Sie.
- *Religion mit Kindern* hat Freude an lebensnahen Zugängen, an anregenden Lernarrangements und Lernlandschaften. Geboten wird ein attraktiver Medienmix, der sich sowohl auf die Bibel als Quelle und Urkunde christlicher Religion als auch auf Kinderbücher und -filme als Zeugnisse aktueller Kinderwelten bezieht und stützt. Originale Begegnungen mit Menschen, Natur, Orten und Bauwerken gehören ebenso in das Gesamtarrangement wie die intensive Kommunikation in der Gruppe und zwischen Ihnen und den Kindern.
- *Religion mit Kindern* stellt die Kinder in den Mittelpunkt. Kinder sind die Subjekte ihres Lernens; die Erfahrungen, das Vorwissen, die Erwartungen und Fragen, die die Kinder mit in den Unterricht bringen, sollen zur Geltung kommen und den Weg zum gemeinsamen Forschen am „Geheimnis des Lebens" eröffnen.
- *Religion mit Kindern* basiert auf der Grundannahme, dass Religion eine besondere Weise der Weltsicht ist, Leben im Horizont der Transzendenz. Diese Weise gilt es zu erproben. Dazu brauchen wir Wahrnehmungsschulung, Deutungskompetenz, eine besondere Sprache sowie Gestaltungs- und Aneignungsangebote.
- *Religion mit Kindern* liegt ein weiter Religionsbegriff zugrunde: Religion ist Ehrfurcht vor dem Leben, ist Staunen und Sehnsucht, ist Transzendenzerfahrung. Wer grundsätzlich einen guten Willen am Werk sieht, findet den Mut und die Kraft, den Unwägbarkeiten des Lebens zu trotzen; wer diesen guten Willen vertrauensvoll „Du" nennen kann, gewinnt Begleitung, Geborgenheit, Trost, kurz: Gottes Segen.

- ***Religion mit Kindern*** fokussiert religiöse Erfahrung und Deutung auf die biblische Tradition, auf das Christentum, auf die evangelische Konfession. So entspricht es nicht nur den verfassungsmäßigen Vorgaben, sondern auch der Grundeinsicht, dass Religion nur erlebbar und erfahrbar wird am konkreten, gelebten Beispiel. Das schließt die Offenheit für andere ausdrücklich ein.
- ***Religion mit Kindern*** lädt Muslime, Juden, Anhänger anderer Religionen und Weltanschauungen ausdrücklich ein, ihre eigenen Geschichten, Haltungen und Deutungen einzubringen. Das Exemplarische eröffnet den Dialog.
- ***Religion mit Kindern*** führt die Figur des ***Frag-Mal*** in das gemeinsame Nachdenken ein – als Zeichen dafür, dass es gilt, tiefer zu schauen: auf das Geheimnis, das unter der Oberfläche des Sichtbaren liegt, und auf den Schatz, den die „Gefäße" (2 Kor 4,7) bergen: Orte, Worte, Geschichten und Zeiten. Das Frag-Mal steht für theologische, ethische und philosophische Gespräche mit Kindern und ermutigt zum Selbst-Fragen.
- ***Religion mit Kindern*** arbeitet kontinuierlich am Gottesbild. Das Reden von Gott ist von Anfang an nicht einfach: Gott bleibt ein Geheimnis, widerständig und unverfügbar. Vorstellungen der Kinder begegnen Fragen, Geschichten und elementaren Bibelworten. Besondere Bibel-Erzähl-Stunden bauen Bibelkompetenz auf: im Hören und Erzählen, Deuten und Verstehen.
- ***Religion mit Kindern*** leistet einen spezifischen Beitrag zum Bildungsauftrag der (Grund-)Schule. Resilienz und Empathie, Respekt und Toleranz stehen im Mittelpunkt religiösen Lernens.

Frag-Mal, Denk-Mal, Sag-Mal und die *Spruchbänder*

In der zweiten Hälfte der Grundschulzeit wird die Begleitfigur des ***Frag-Mals*** umgewidmet: Es stellt nicht mehr Zwischenfragen, sondern es ermutigt zum eigenen Fragen. Es redet nicht mehr von sich aus (durch den Mund der Lehrkraft), sondern steht den Kindern zur Verfügung. Liegt es im Sitzkreis, gibt es zwei Optionen:

- Die Kinder verwenden es wie einen Sprechstein: Wer etwas fragen will, nimmt das ***Frag-Mal*** in die Hand.
- Es liegen Fragekarten bereit, auf denen die Kinder je eine Frage notieren und diese beim ***Frag-Mal*** ablegen. Die Gruppe entscheidet, über welche der Fragen ein *Theologisches Gespräch* geführt wird.

Des Weiteren führt ***Religion mit Kindern 3*** die ***Frag-Mal-Box*** ein (Bastelanleitung → **BM3**). Die Kinder werden ermutigt, ihre Lebens- und Reli-Fragen zu notieren und einzuwerfen, mit der Zusage: Die Lehrkraft wird die Fragen lesen und bei Gelegenheit aufgreifen. Es ist selbstverständlich, dass dies dann auch geschehen muss – im Klassengespräch, als Gruppenaufgabe, im Einzelgespräch mit dem Kind.

Neben dem ***Frag-Mal*** gibt es ab ***Religion mit Kinder 3*** das ***Denk-Mal*** – Symbol der zunehmenden eigenen religiösen Sprachfähigkeit der Kinder: Kernsätze werden formuliert, die den Stand der Verständigung über religiöse Fragen auf den Punkt bringen.

„Eigentlich brauchen wir noch ein Sag-Mal!“, bekam ich neulich bei einer Lehrerfortbildung zu hören. „Wenn die Kinder den Lehrgang erfolgreich durchlaufen haben, sind sie in der Lage, eigene Positionen zu vertreten und ihrerseits von der biblisch-christlichen Tradition und ihrer Haltung dazu zu sprechen. Sie sind auskunfts- und dialogfähig.“ Dem ist nichts hinzuzufügen – außer: Hier ist es, das Sag-Mal! 

Das ***Sag-Mal*** kommt zum Einsatz u.a bei den Brücken-Projekten: Wenn Ihre Viertklässler im Altenheim oder in der ersten Klasse ihre Bibelgeschichte erzählen (s. u.) oder ihre Vorstellungen von Gott und der Welt vertreten.

Diejenigen, die schon mit ***Religion mit Kindern*** gearbeitet haben, kennen sie schon: die Spruchbänder, Bibelsprüche (in elementarisierter Sprache), die möglichst mit Stofffarbe auf Nesselstoffstreifen geschrieben, die Lebenserfahrungen der Kinder und der Bibel miteinander konfrontieren und ins Gespräch bringen.

Biografisches Lernen als Begegnungslernen[1]

Von der Art und Weise, wie biblische Erzähler mit ihren Hauptpersonen umgehen, gerade denen, die sie über einen langen Zeitraum oder fast ein ganzes Menschenleben lang begleiten, wie Abraham und Sara, Mose und Mirjam, Samuel und David, Jesus Christus und Paulus, lässt sich viel lernen für den eigenen Umgang mit Biografien.

Sparsam und gleichsam von außen werden die geschichtsträchtigen Wirkungen erzählt: Davids Kriege und Siege, die Summe der Predigten und Heilungen Jesu. Im Fokus aber stehen kleine persönliche Szenen, die dem, der sie hört, differenzierte Einblicke in ein komplexes Innenleben geben: Abraham zwischen Glauben und Zweifel, David in seiner Trauer über den Tod seiner Widersacher, Jesus in seiner Ungeduld über die Mühen seiner Mission, im Ringen um den gottgewollten Weg ...

Die Bibel präsentiert Menschen, nicht Helden oder Idole, und wenn es etwas von ihnen zu lernen gibt, dann das: Menschlich sein. Ringen dürfen, schwach sein dürfen. Sich immer wieder neu auf den Weg machen und leiten lassen von dem, was gut ist in Gottes Augen.

Allzu lange sind die Vorbilder aus Bibel und Kirchengeschichte als in Stein gemeißelte Exempel der Tugendhaftigkeit und Gottgefälligkeit gelehrt worden. Heute versuchen Pädagog/innen und Didaktiker/innen – kritisch und behutsam – einen anderen Umgang: *Begegnung auf Augenhöhe*. Es gilt, öffentliche wie individuelle Leitbilder als Menschen kennenzulernen und gerade dadurch von ihnen zu lernen: Wege zu gehen, die Augen offenzuhalten, seinem Herzen zu folgen, dem Nächsten die Hand zu reichen, zu fragen, zu suchen, zu klagen, zu schreien ...

Religion mit Kindern ist den Weg der Begegnung bereits gegangen – vgl. „Wir gehen mit Maria“ im Band 3. Am Thema „Martin Luther“ geht es konsequent weiter: Der Reformator kommt als Brückenbauer ins Spiel, der den Abgrund der Angst (Angst vor Strafe, heute u. a.: Versagensangst) neu überwindet. Dass das ein Ringen ist und ein Kampf und

1 Vgl. Rainer Merkel, Begegnungslernen mit Lebensbildern, in: Loccumer Pelikan 2/2011.

dass ein impulsiver Charakter wie Luther nicht umhin kommt, seinerseits auch Gräben aufzureißen, das kommt dabei ebenso zum Tragen wie die bleibende Ermutigung: Prüfe, was man dir sagt, frage nach, denk nach und wenn es sein muss: Protestiere!

Die Bibel als Probenraum

„Ist das wirklich passiert?“ Aller Erfahrung nach liegt darin eine der „Einbruchstellen des Glaubens“[2]: Wer Kindern von Anfang an allzu fest den Eindruck vermittelt, Geschichten der Bibel seien eins zu eins als Berichte zu verstehen, wird über kurz oder lang unglaubwürdig – und mit ihm auch die Erzählungen der Bibel. Am Ende der Grundschulzeit erwacht das rationale Denken mit Macht; andere Formen der Welterschließung erscheinen den Kindern auf einmal nicht mehr vertrauenswürdig. Es kann eine ganze Weile dauern, bis die Heranwachsenden wieder imstande sind, andere Wahrheiten anzuerkennen: poetische, mythische, metaphorische.

Religion mit Kindern hat daher von vornherein das symbolische Verstehen eingeübt, zum Beispiel durch ein Erzählen „mit Sicherheitsabstand“: Einleitungen, die in die Entstehung oder Fragestellung der Geschichten einführen, erweisen sich als „Öffner“ des Verständnisses; ein bewusst subjektives Erzählen von Gott ermöglicht ein ebenso unbefangenes wie ernsthaftes Theologisieren.

Auf diesem Weg geht es weiter. Eingeübt wird ein Erzählen, das die Möglichkeiten der Mündlichkeit weit ausschöpft: Wer aus der Ich-Perspektive einer Randfigur der jeweiligen Geschichte erzählt, kann fragen, staunen, Vermutungen anstellen und Gefühle äußern. Dadurch entstehen nicht nur Spannung und Nähe. Vor allem wird die dogmatische Geschlossenheit überwunden, die sonst so leicht dazu führt, Geschichten mit einem Achselzucken wegzulegen: „Schön und gut – aber muss bzw. kann ich das glauben?“ Und: „Das war damals. Das passiert heute nicht mehr. Und: Das hat mit mir nichts zu tun.“ Stattdessen eröffnen sich Spielräume zur Suche, zu Fragen, zu Erprobung: „Aha, damals haben sie gesagt: Das kommt von Gott. Wie fühlt sich das an? Kann ich das auch?“

Möglich wird das Wagnis subjektiven Erzählens durch die parallele Arbeit mit den *Grundtexten* (s. u. –> Materialien): Die Grundtexte sind Fassungen der erzählten Bibeltexte, die nah am Bibeltext sind, passend zugeschnitten, behutsam elementarisiert und geöffnet. Die Kinder entdecken den Unterschied zwischen Lesen und Hören. So wird eine elementare Textfassung in großer Nähe zur Überlieferung gesichert.

24 Bibelgeschichten – darunter neunmal „Jesus“, viermal „Mose“, fünfmal „Urgeschichte“, dazu so wichtige Traditionen wie „Elia“ „Hiob“, und „Bileam“ – sind in den ersten drei Bänden von ***Religion mit Kindern*** zur Sprache und zur Geltung gekommen; die Kinder haben sie gehört, bedacht, gestaltet und weitergetragen. Im Erzählen wird Theologie begreifbar: Was ist „Segen“, „Verheißung“, „Gnade“? ***Religion mit Kindern 4*** führt den Aufbau religiöser und sprachlicher Kompetenz rund um die Bibel konsequent weiter, und zwar dreifach:

---

2 Karl-Ernst Nipkow, Erwachsenwerden ohne Gott?, München 1987.

- Weitere acht Geschichten werden in bewährter Weise in die Mitte von Bibelerzählstunden gestellt; u. a. kommt die *Erzelterntradition* in den Blick, die lebensweltlich sowohl mit dem Weg- und Aufbruchmotiv zu verbinden ist als auch starke Paradigmen zum Leitbild „Brückenbau“ bereitstellt.
- Die Kinder erhalten die Gelegenheit, die „alten“ Geschichten neu zu erleben: indem sie sie ihrerseits anderen erzählen. Das Projekt „Bibel weitererzählen“ umfasst Sprech- und Erzählübungen und fördert zugleich ein tieferes Verständnis.
- Einheit 2 ist ganz besonders der Bibel gewidmet – dem, was die Kinder schon von ihr kennengelernt haben, und darüber hinaus der Frage, wie ihre Geschichten und Botschaften zu verstehen sind.

Brückenbauen – über Gräben

In der zweiten Hälfte der Grundschulzeit sind die Kinder selbstständiger geworden. ***Religion mit Kindern*** bezieht sie stärker in die Unterrichtsplanung mit ein, ermutigt zum Fragen und leitet zu Methoden-Reflexionen an.

Darüber hinaus wollen und können die Kinder nun – im überschaubaren Rahmen – Verantwortung übernehmen. Sie möchten sich Herausforderungen stellen und ihre Wirksamkeit erproben. Die christliche Religion mit ihrem unverzichtbaren Bezug auf die Praxis des Miteinander-Lebens bietet vielfältige Anknüpfungspunkte: helfen, verbinden, versöhnen.

Religion mit Kindern regt zu kleinen, leicht umsetzbaren Projekten an. Die Kinder entscheiden zusammen mit Ihnen – und gemäß der Gegebenheiten vor Ort –, was davon sie umsetzen wollen und in welchem Umfang. Natürlich sind die Projektideen exemplarisch zu verstehen. Sie können sich inspirieren lassen, Ihr ganz eigenes Projekt zu kreieren (zur Information der Eltern –> **BM4** *Elternbrief 10*).

Projekt A: „Groß und Klein“

Einige Tage nach den „Großen“ kommen neue Erstklässler in die Schule. Vielerorts ist es üblich, dass die vormals dritte, jetzt vierte Klasse einen Beitrag zur Begrüßungsfeier leistet. Dieser Anfang kann weitergeführt werden: Die Kinder übernehmen Patenschaften für einzelne Erstklässler, helfen beim Zurechtfinden im Schulalltag, unterstützen auf dem Schulhof und (möglicherweise) beim Lernen. Speziell in Reli kommen die Viertklässler bis zu viermal im Schuljahr zu Besuch in je eine zusätzliche Bibelerzählstunde der ersten Klasse. Im Anschluss an die gewohnte Erzählstunde wird eine Vertiefungsstunde geplant, in der je zwei oder drei Viertklässler ihre Version der Geschichte erzählen und mit den Erstklässlern darüber in den Austausch und ins Gestalten kommen. Wie diese Stunden gestaltet werden können, dazu finden sich Verlaufsplanungen im digitalen Material. Vorgeschlagen werden: Mose wird gerettet (RmK1, Einheit 2), Zachäus (RmK1, Einheit 6), Bartimäus (RmK1, Einheit 7), evtl. auch: Verlorener Sohn (RmK2, Einheit 3)

Projekt B: „Alt und Jung"

Der Anteil der alt Gewordenen in unserer Gesellschaft wächst, so auch die Anzahl der Seniorenheime. Sicherlich gibt es auch eines in der nahen Umgebung Ihrer Schule. Vorgeschlagen werden eine Reihe von Begegnungen, die je nach den Gegebenheiten vor Ort unterschiedlich organisiert sein können. Beispielsweise besuchen die Kinder eine Gruppe interessierter Seniorinnen und Senioren an zwei oder drei Vormittagen im Jahr und erhalten einen Gegenbesuch, zum Beispiel im Advent. Darüber hinaus kann es geschehen, dass sich engere Beziehungen anbahnen, etwa dass einige aktive Senior/inn/en eine Hausaufgabenhilfe anbieten. Wie die gegenseitigen Besuche gestaltet sein können, dazu finden sich Verlaufsplanungen im digitalen Material. Vorgeschlagen werden: gegenseitiges Erzählen (Biografie, Bibelgeschichten: Jesus stillt den Sturm – RmK2, Einheit 6; Der barmherzige Samariter – Rmk 3, Einheit 2; Das Jesuskind bekommt Besuch – RmK1, Einheit 5; Einzug in Jerusalem – RmK3, Einheit 7), gemeinsames Basteln, Feiern und Singen.

Projekt C: „Arm und Reich"

Wenn Ihre Schule im städtischen Umfeld liegt, begegnen den Kindern Betteln, Obdachlosigkeit, Armut im täglichen Alltag. Oft haben sich die Großen daran gewöhnt, wegzuschauen, die Kinder aber noch nicht. Vorgeschlagen wird eine Zusammenarbeit mit der örtlichen Diakonie oder Stadtmission (oder einer ähnlichen Einrichtung), eine Mischung aus Information, Empathie und Handeln, z. B. eine Thema-Stunde „Arm sein", eine Informationsstunde mit einem der Mitarbeitenden der Einrichtung, eine Back- und Päckchenpackaktion für Bettler, idealerweise eine Begegnung. Konkretionen finden Sie im digitalen Material.

Projekt D: „Nah und fern"

Die Klasse beschäftigt sich mit dem Leben gleichaltriger Kinder in anderen Teilen der Welt. Dabei steht nicht ein Gefälle „arm" und „reich" im Mittelpunkt (obwohl dies häufig auch eine Rolle spielt), sondern schlicht das „Anders-Sein". Die Kinder stellen mit Ihrer Hilfe Kontakte her (Internet?) und tauschen Nachrichten aus; sie verschaffen sich Informationen und erhalten Kinderporträts. Themen können sein: Alltag, Schule, Sport, Essen und Trinken. Konkretionen finden Sie im digitalen Material.

Projekt E: „Und was glaubst du?"

Hier steht die Sprachfähigkeit in Sachen Glauben / Religion im Mittelpunkt. Die Kinder entwickeln gemeinsam mit Ihnen einen Fragebogen zu Fragen des Glaubens. Er wird untereinander, im Austausch mit dem katholischen RU sowie in Familie und Freundeskreis angewendet. Spannend ist es, wenn es ebenso zu einer öffentlichen Aktion kommt (Umfrage in der Fußgängerzone) und / oder wenn gezielt Andersgläubige befragt werden können (Muslime, Juden, Hindus; ggfs. über eine entsprechende Glaubensgemeinschaft vor Ort.) Konkretionen finden Sie im digitalen Material.

Projekt F: „Feste“

Erntedank, Advent, Passion – diese christlichen Festzeiten liegen im Schuljahr und werden entsprechend begangen. Weitere Feste, von denen die Kinder im Alltag erfahren, sind meistens der Abschluss des Ramadan mit dem Zuckerfest sowie das Opferfest (beide muslimisch). Hier und da kommen auch jüdische (Chanukka) oder gar asiatische religiöse Traditionen in den Blick. Christlicherseits erarbeiten die Kinder eine „Aufklärungskampagne“: „Ostern kommt nicht nur der Osterhase“ und „Wer glaubt denn an den Weihnachtsmann?“ Gemeinsam mit muslimischen oder andersgläubigen Kindern werden Informationen über die jeweils anderen Feste gesammelt und aufbereitet. Möglich sind gegenseitige Einladungen: Kinder planen – zusammen mit engagierten Eltern – eine Adventsfeier, eine Feier zum Zuckerfest – und lernen das jeweilige Brauchtum (Speisen!) kennen. Konkretionen finden Sie im digitalen Material.

Klassenprojekt „Das wilde Määäh“ (Ganzschriftlektüre)

Die Thematik „Brückenbauen“ greift auch das Kinderbuch auf, das ***Religion mit Kindern*** als Ganzschriftlektüre für das gesamte Schuljahr vorschlägt:

Ein schwarzes Lamm wird im Wald ausgesetzt und von einer Wölfin adoptiert; es wächst im Rudel auf, lernt wie ein Wolf zu agieren und zu denken, bekommt aber immer wieder sein Anderssein zu spüren. Bis es schließlich, unterstützt von der weisen Wölfin, aufbricht, seine wahren Wurzeln zu suchen. Bei dieser Suche erhält es Beistand von der ungewöhnlichsten Gesellschaft, die sich denken lässt: Rehbock und Löwenschwester, dazu eine alte Katze und ein junger Bulle. Kurz: Gräben ohne Ende, die immer wieder neu überwunden werden. Auch die Identitätsfrage löst sich als Brückenbauprojekt: „Ich bin Ham, / mal Wolf, mal Lamm. / Wie’s mir gefällt, so nenn ich mich. / Denn innendrin bin ich ... bloß ich.“[3]

Auch noch ein Buch lesen? Wird das nicht zu viel? – Nicht, wenn es gut integriert ist und elementar in das Lernarrangement eingebaut wird. Dennoch ist es nicht nur hilfreich, sondern sinnvoll, dieses Projekt fächerübergreifend anzulegen.

Stellen Sie das Buch früh im Schuljahr vor (Einheit 1). Klären Sie die Rahmenbedingungen: Die Kinder lesen selbstständig und in Portionen; sie erhalten dazu einen Leseplan und ein Lesetagebuch. Dieses Lesetagebuch steht digital zur Verfügung; die Kinder können es herunterladen und sich eine Datei mit dem eigenen Namen anlegen. Sie arbeiten zu Hause daran und können nach Verabredung Zwischenstände an die Lehrkraft schicken. Darüber hinaus gibt es gemeinsame Zwischenstationen:

- Themenbezogene Gespräche und Entdeckungen am Buch in Einheit 2, 6, 7 (in Reli)
- Vorlesestunden in der Adventszeit (im Deutschunterricht[4])

---

3 Vanessa Walder, Das wilde Määäh, Loewe Verlag 2014, 188. Wer sich hier an Mira Lobes „Das kleine Ich-bin-ich“ erinnert, hat natürlich recht – und das ist wichtig für ***Religion mit Kindern***. Denn hier schließt sich ein Kreis, der mit Band 1 begonnen hat.

4 Im Deutschunterricht wäre auch anzusiedeln: ein gemeinsamer Besuch in der öffentlichen Bücherei, damit alle Kinder einen Ausweis erhalten und sich mit der Buchsuche und Buchausleihe auskennen – nicht nur zur Beschaffung eines Leseexemplars vom „wilden Määäh“.

- Eine Einheit über die biologischen Unterschiede zwischen Fleischfressern und Grasfressern, Raubtieren und Huftieren ... (im Sachunterricht)

Schließlich wird das „wilde Määäh" zum Paradigma für gelingende Beziehungen.

Die Materialien

- ***Religion mit Kindern*** – das sind Unterrichtsverläufe: Einheit für Einheit, Schritt für Schritt. Jeder Schritt wird auf einer Seite entfaltet, jeweils mit Angaben dazu, was Sie brauchen, und mit Unterrichtsideen, die eine Doppelstunde / eine oder zwei Einzelstunden füllen. Knapp wird das Geschehen umrissen. ERWARTUNGSHORIZONTE zeigen an, in welche Richtung Erarbeitungen und Gespräche sich entwickeln können.
- Im Materialteil dieses Bandes bzw. im digitalen Material[5] finden sich den Einheiten zugeordnete *Materialien*: gekennzeichnet mit „M" für Material, das im Buch enthalten ist, bzw. „D" für digital abzurufendes Material. Das sind Erzählvorschläge, Mal- und Bastelvorlagen, Arbeitsblätter, Lieder u. a. Die meisten sind fix und fertig, einfach zum Kopieren oder Ausdrucken.
- *Einige Elemente* aus dem digitalen Angebot von ***Religion mit Kindern 1–3*** werden weiter verwendet: Das betrifft u. a. die 88 Bildkarten, die Jahresuhr sowie ***Frag-Mal und Denk-Mal***; die Bibelblätter und biblischen Grundtexte (s. u.). Sie finden diese unter dem Stichwort „Basismaterialien" (**BM**). Andere Materialien aus ***Religion mit Kindern 1–3,*** die punktuell wieder auftauchen, sind im Material zur jeweiligen Einheit mit angeboten.
  - Die *Bildkarten* umfassen viele Facetten des Lebens bzw. der Religion. Sie werden in einem schön gestalteten Schuhkarton (o.ä.) bewahrt und als „Schatz" präsentiert. Wann immer die „Schatzkiste" eingesetzt wird, finden Sie einen Hinweis darauf, welche Karten drin sein sollten.
  - Die *Jahresuhr* verortet den Unterricht im (Schul-)Jahr – sie zeigt die Jahreszeiten und Feste. Sie basteln sie einmal in groß und mit beweglichem Zeiger zum Aufhängen. Die Kinder erhalten eine DIN-A4-Kopie für ihre Reli-Mappe. Sie wird farbig gestaltet.
  - Die *Deckblätter* jeder Einheit sind Vorlagen für die Ergebnissicherung. Am Ende der Einheit erhalten die Kinder einen Ausdruck für die Reli-Mappe, auf dem sie stichwortartig festhalten, was sie neu entdeckt haben und mitnehmen wollen.
- Für jedes Kind empfiehlt sich eine *Reli-Mappe* – nicht zum Lochen und Einheften, sondern zur Aufnahme einer Lose-Blatt-Sammlung für verschiedene Formate (Mappe mit Klappen und Gummiband). Was dort hineinkommt: Deckblätter, Jahresuhr, Lied- und Arbeitsblätter, weitere Produkte der Schülerinnen und Schüler.
- Etwas Besonderes sind die *Bibelblätter*. Um nachhaltig Bibelgeschichten kennenzulernen, erhalten die Kinder nach jeder Bibel-Erzähl-Stunde ein vorgestaltetes Blatt

5 Abrufbar auf www.v-r.de.

(DIN A4, quer), das an die Geschichte und ihre Erarbeitung erinnert. Es wird nach innen gefaltet und an der offenen Seite gelocht, sodass zwei bedruckte DIN-A5-Seiten entstehen.

- *Ab* ***Religion mit Kindern 3***: Auf der Vorderseite befindet sich die Initiale der Geschichte – als Einladung, sie mit Teilen der erzählten Geschichte auszugestalten. Die restlichen Buchstaben laden dazu ein, sie mit eigenen Gedanken zur Geschichte zu umschreiben. Die Kinder nehmen das Blatt mit nach Hause und besprechen die Geschichte mit ihren Angehörigen. Sie sammeln ihre Blätter zu einem eigenen *Bibelbuch* – dazu brauchen sie eine schöne Mappe (DIN A5) oder einen Heftstreifen. Die Eltern werden informiert und um Mithilfe gebeten (**BM4**-*Elternbrief 3*).
- ***Religion mit Kindern*** ist spiralig angelegt. Im Idealfall füllen sich im Lauf des 4. Schuljahrs Lücken im *Bibelbuch* der vorigen Klassen. Hinzuzufügen sind die *Grundtexte*, Basis des freien Erzählens und Rückbindung an den überlieferten Text.
- ***Religion mit Kindern*** rechnet mit unterschiedlichen Konstellationen: Es gibt evangelischen RU mit muslimischen Mitschüler/innen und ohne sie, mit Anders- und Nichtgläubigen und ohne sie. Daher sind Angebote für den Dialog optativ: Im Basismaterial finden sich Impulse für das Gespräch mit dem *Islam* (–> **BM5** *Islam*); seit ***Religion mit Kindern 3*** auch: für weitere, anders gelagerte Gesprächssituationen (–> **BM6** *Dialog*).
- ***Ab Religion mit Kindern 3:*** Verstärkt kommen „Moderationskarten“ zum Einsatz als Möglichkeit, dass jedes Kind zunächst individuell seine Gedanken festhält, bevor es sich in den Diskurs begibt. Hierbei ist an dünne Pappkarten oder -streifen gedacht oder an Zuschnitte aus buntem DIN A4-Papier. Oder Sie drucken die *Frag-Mal-Karten* aus, die im Basismaterial beim ***Frag-Mal*** (–> **BM3A**) bereitstehen.
- ***Die Matthias-Film gGmH bietet das Film- und Bildmaterial, das Religion mit Kindern verwendet, als Zusatz-DVD zum Kauf oder Verleih. Alternativ können Film-DVDs gesondert in den regionalen Medienstellen entliehen werden.*** Oder Sie überzeugen Ihre Schule, diese anzuschaffen und immer wieder zu nutzen. Sollten Sie den Aufwand der Beschaffung hin und wieder scheuen, bietet ***Religion mit Kindern*** Ihnen Alternativen.
- Die, die ***Religion mit Kindern*** bereits kennen, werden sich vielleicht wundern, dass in diesem Band keine Liste mit *Denk-Mal-Sätzen* abgedruckt ist. Das hat seinen Sinn! Die in den Stundenverläufen genannten Sätze sind mehr denn je Vorschläge. Die *Denk-Mal-Sätze* sollen von den Schülerinnen und Schülern im Gespräch gefunden, formuliert und niedergeschrieben werden.

Materialien für *Religion mit Kindern 4*

Die Einheiten dieses Heftes lassen sich mit den im Buch vorhandenen und digital mitgelieferten Materialien sinnvoll erarbeiten. Für eine optimale Umsetzung ist außerdem empfehlenswert:

- die Zusatz-DVD von MATTHIAS FILM oder
- die MATTHIAS-FILM-DVD *Unsere Zehn Gebote*

Die Klassenlektüre sollte sich jedes Kind eigenständig besorgen (Kauf oder Entleihe).

Die Einheiten

Acht Einheiten und ihr Ertrag

Einheit	Erfahrung	Religion	Bibel	Kirche	Kernsatz
1 Wir planen ein Brückenprojekt	Grenzen überwinden	Nach dem *Miteinander* fragen: Vertrauen	Hauptmann von Kaper-naum	Kirchen-geschichte	„Mit meinem Gott kann ich über Mauern springen.“
2 Wir sammeln unsere Stärken	Erinnern und ordnen	Nach *Gott* fragen: Bund	Der sinkende Petrus	Die Bibel	„Meinen Bogen habe ich in die Wolken gesetzt.“
3 Wir geben acht	Sich ver-pflichten; Film *Unsere zehn Gebote*	Nach *Gut und Böse* fragen: Treue	Das goldene Kalb	Ethik	„Behandelt die Menschen so, wie ihr selbst von ihnen behandelt werden wollt.“
4 Wir werden frei	Versöhnung erfahren; *das Luther-Spiel*	Nach *Schuld* fragen: Vergebung	Jakob und Esau	Rechtfertigung, Martin Luther	„Wir haben Frieden mit Gott durch Christus.“
5 Wir tragen ein Licht	Sich anrühren lassen; Buch: *Die Tränen des Kamels*	Nach *Gottes Plan* fragen: Verheißung	Abraham und Sara	Weihnachten	„Was ihr für eines meiner Geschwister tut, das tut ihr mir.“
6 Wir tragen gemeinsam	Sich vertragen; Buch: *Wann ge-hen die wieder?*	Nach dem *Ziel* fragen: Frieden	Abraham und Lot	Evangelisch – katholisch	„Das Alte vergeht. Siehe: Ich mache alles neu.“
7 Wir stehen am Abgrund	Über Brücken gehen	Nach dem *Kreuz* fragen: Hingabe	Abraham und Isaak	Interreligiöser Dialog	„Du bist mein Kind; ich halte zu dir.“
8 Wir gehen auseinander und bleiben verbunden	Beziehungen pflegen	Nach dem *Geist* fragen: Gemeinschaft	Die Pfingst-geschichte	Christsein in der Welt	„Alle gehört ihr zu Gott durch Jesus Christus.“

Mit meinem Gott kann ich über Gräben springen

Zu Beginn der zweiten Hälfte der Grundschulzeit sind die Kinder mit ihrer Umgebung vertraut, sowohl im Hinblick auf die Schule als Ganze als auch mit dem Religionsunterricht. Es ist Zeit, eigene Wege zu finden. Die Lebensgeschichte Jesu Christi ist eine Geschichte der Überwindung von Grenzen und Mauern, Menschen zuliebe. Die evangelische Tradition weiß von der Befreiung, die daraus erwächst.

Religion mit Kindern ermutigt, Brücken zu bauen, gedankliche und ganz reale: zu Jüngeren und Älteren, zu Anders- und Nicht-Gläubigen, zum fernen Nächsten in der Einen Welt. Biografisches Lernen – etwa am Beispiel Martin Luthers – stellt dazu Bausteine bereit.

Das Brücken-Ritual am Ausgang und Eingang der Stunde

Im Idealfall ermöglicht Ihr Reli-Raum einen permanenten Sitzkreis mit viel Platz in der Mitte, sodass sich Phasen der Arbeit an (Gruppen-)Tischen und Phasen des gemeinsamen Austauschs oder der Einkehr im Unterricht unaufwändig abwechseln können.

Darüber hinaus benötigen Sie immer häufiger eine „Materialtheke"; also: ein oder zwei Tische, die frei zugänglich stehen und auf denen Sie Material – zur Sichtung oder Selbstbedienung – ausbreiten können.

Zu Beginn und am Ende jeder Stunde sorgt ein besonderes Ritual dafür, dass alle in Reli ankommen und sich auch wieder trennen können. Ein solches Signal ist nicht nur für Gruppen wichtig, die sich speziell für Reli aus verschiedenen Klassen zusammenfinden.

Anfangsritual[6]

Sie brauchen: Zwei Stücke einer symbolischen Brücke (Pappe, Tuch, Teppichrest)

- Die Kinder stehen im Kreis. L überlegt sich und nennt ein „Merkmal des Tages" (Milchreis oder Pizza, Grün oder Rot, Hund oder Katze ...) Die Kinder sortieren sich, je nach Vorliebe und Wahl, in zwei Reihen. Sie rufen sich gegenseitig ihr „Motto" zu. Am Ende rufen sie: „Wir sind anders!"
- Lied: *Herr, gib mir Mut zum Brückenbauen* (Strophe 1) (**M1.1**)
- Von jeder Seite wird ein Stück Brücke gelegt, auf der die Kinder der rechten Seite einzeln zu denen der linken hinübergehen. Dort wird so lange Platz gemacht, bis sich aus den beiden Reihen wieder der Kreis formiert hat.
- Lied: *Herr, gib mir Mut zum Brückenbauen* (Strophe 2)

Schlussritual

- Lied *Herr, gib mir Mut zum Brückenbauen* im Kreis (ggfs. als Kreistanz: Die Hände auf die Schultern der beiden Nachbarn; im Takt jeweils acht Schritte im Uhrzeigersinn; Kick; vier Schritte zurück).

---

6 Wird in der ersten Stunde eingeführt.

Einheit 1

Wir planen ein Brücken-Projekt

Für diese Einheit benötigen Sie
M1.1, D1.2, D1.3–D1.12, M1.13, M1.14, M1.15, M1.16, M1.18, M1.19, M1.20, D1.21, D1.22–D1.27, M1.28, M M1.30, M1.31, G4.1
BM1, BM2, BM3, BM8, Deckblatt 1, Spruchband
Ps 18,30, Bibelblätter aus Religion mit Kindern 1+

Schritt 1: **Geschichten vom Überwinden von Grenzen**

Material & Vorbereitung

Drei Bälle aus Zeitungspapier (oder weiche, leichte Schaumgummibälle), kleiner Globus (gibt es als Bleistiftanspitzer), Lied (**M1.1**): *Herr, gib mir Mut zum Brückenbauen*, Reisepass als Bastelvorlage (**D1.2**) (einen fertig machen; je eine Kopie zum Fertigbasteln für jedes Kind).
Materialtheke mit Info-Material *von Ärzte ohne Grenzen*, *Brot für die Welt*, *World Wild Life Fund* ... (im Vorfeld zu bestellen über die entsprechenden Homepages).

Verlauf

- ***Stehkreis.*** L ruft einen Namen und wirft den ersten Ball. Das gerufene Kind fängt, ruft seinerseits einen Namen und wirft. So weiter, bis alle den Ball einmal gefangen und geworfen haben. Dasselbe noch einmal – Achtung: in genau derselben Reihenfolge. Zur Hälfte des dritten Durchgangs bringt L den zweiten Ball ins Spiel, wieder in derselben Reihenfolge. Später noch den dritten. (Das Spiel lebt vom Tempo und sorgt dafür, dass alle Kinder wieder in der Reli-Gruppe ankommen.)
- Noch im Stehen: neues Lied **M1.1** lernen und singen
- ***Sitzkreis.*** Ein Handschlag mit „Hallo, NN, schön, dass du da bist." / „Danke, NN, ich freue mich auch" geht einmal im Uhrzeigersinn durch den Kreis.
- Der Mini-Globus fungiert als „Gesprächsstein": Die Kinder erzählen einander, was sie in den Ferien gemacht haben. Nach einer ersten Runde lenkt L das Gespräch auf den *Übergang* von einem Land ins andere. Der „Pass" (**D1.2**) macht die Runde. Die Kinder erzählen von eigenen Erfahrungen mit dem Reisen. ERWARTUNGSHORIZONT: Innerhalb Europas merkt man die Grenzen kaum noch ... L erzählt, wie es früher war ... Evtl. haben Kinder auch selbst Erfahrungen mit Pass, Visum, Zoll, Wartezeiten. Berliner Kinder erzählen evtl. von der Mauer.
- ***Partnerarbeit.*** L und die Kinder sichten die Materialtheke. Die Kinder wählen zu zweit oder zu dritt einen der Flyer aus und nehmen ihn mit zum Platz. Frage: Was ist das für ein Projekt? Gibt es da Grenzen? Die Kinder erzählen von ihren Entdeckungen. ERWARTUNGSHORIZONT: Es handelt sich um wertvolle Hilfe. Die Helfer bringen Gutes. Grenzen würden dabei nur hindern.
- ***Einzelarbeit.*** Die Kinder erhalten eine „Reise-Pass"-Vorlage. Sie stellen sich darauf von ihrer besten Seite vor: mit Stärken, die sie in eine Gemeinschaft einbringen können. (Dieser Pass wird im Unterricht weiter verwendet.)
- ***Abschluss*** mit Lied **M1.1**

Schritt 2: **Grenzen in der Geschichte**

Material & Vorbereitung

So viele Kartons, dass für jedes zweite Kind in der Gruppe einer vorhanden ist; Verbotstafeln (**D1.3–D1.12**) doppelt ausdrucken und jeweils die gleiche vorn und hinten auf die Kartons kleben (bei mehr als 20 Kindern werden später Dreiergruppen statt Paare gebildet); Arbeitsblätter „Grenzen" (**M1.13–M1.16**).
Für das Ritual: Lied **M1.1**: *Herr, gib mir Mut zum Brückenbauen*. Zwei Teile einer symbolischen Brücke (= Teppichreste, Pappe)

Verlauf

- ***Anfangsritual*** einführen (s. Einführung S. 14). ERWARTUNGSHORIZONT: Wir zeigen, dass wir unterschiedlich sind. Zugleich aber sind wir, gerade so, wie wir sind, eine Gruppe. Die Unterschiede kommen aus den unterschiedlichsten Bereichen: Vorlieben (Lieblings-Essen, -Farbe, -Musik, -Sport), Größe (unter oder über xy cm), Alter (Jahrgang xy oder yy), Laune (müde – hellwach; matt – quicklebendig) ...
- ***Im Sitzkreis.*** L schichtet die vorbereiteten Kartons als „Mauer" auf – mitten durch den Sitzkreis. Die Kinder reagieren spontan. ERWARTUNGSHORIZONT: „Die Mauer stört!" L schlägt vor, diejenigen Steine aus der Mauer zu nehmen, von denen zwei Kinder sagen: „Dieses Verbot schützt Leben." Spielregel: Je ein Kind diesseits und jenseits der Mauer ist an der Reihe; auf „drei" rufen sie beide ihr Leben schützendes Verbot / Gebot. Wenn beide das Gleiche rufen, wird der entsprechende Mauerstein Bestandteil einer Säule am Rand des Kreises.
- Die Gruppe sichtet und kommentiert die Steine der Säule. Anschließend werden von den verbleibenden diejenigen besprochen, die den Kindern so oder ähnlich schon einmal begegnet sind. ERWARTUNGSHORIZONT: „Rasen betreten" und „Hunde müssen draußen bleiben" sind akzeptabel, Ausgrenzung nach Hautfarbe, Alter, Glaube nicht. Diese werden sichtbar „weggeworfen". Frage für später: Was hat es auf sich mit den „historischen" Verboten: Römer – Christen – Juden – Kaiser?
- ***Aktion*** „Da springen wir drüber!" – Die beiden Teile der „Brücke" werden diesseits und jenseits der verbleibenden Mauersteine ausgelegt und die Kinder überspringen die Mauer.
- ***An den Tischen, in Kleingruppen.*** Die Gruppen lesen die Info-Blätter **M1.13–M1.16** und entnehmen diesen die wichtigsten Aussagen. Die Ergebnisse werden festgehalten und präsentiert. L sammelt die Ergebnisse ein (Sie sollen jedem Kind für die Reli-Mappe zur Verfügung gestellt werden.
- ***Abschlussritua***l einführen: Lied und Tanz

Schritt 3: **Eine Geschichte für alle**

Material & Vorbereitung

Drei der Kartons der letzten Stunde; mit neuen Verbotsschildern: „Nur für Waldtiere!“; „Keine Igel!“, „Keine Fleischfresser!“ Ein oder mehrere Exemplare der geplanten Lektüre *Das wilde Määāh*; Bild **D1.17**, Die Kommentare der Tiere (**M1.18**); ***Frag-Mal*** und ***Denk-Mal*** (–> **BM3**); Leseplan und Einführung Lesetagebuch (**M1.19**), Lied *Auf Schwingen getragen und frei* (**M1.20**)

Alternativ: die Kommentare der Tiere als Hörspiel; hierzu benötigen Sie ein Abspielgerät (z. B. Laptop und Lautsprecher); die CD gibt es beim Jumbo Verlag (der Dialog der Tiere befindet sich als Hörprobe im Internetshop)

An einer Pinnwand: das ***Denk-Mal*** und Platz für *Denk-Mal-Sätze*, die die Kinder im Gespräch finden und formulieren.

Verlauf

- ***Anfangsritual***
- ***Im Sitzkreis.*** L legt die Kartons in die Mitte; wiederholendes Gespräch zum Thema Grenzen. Entdeckung der neuen Thematik: Wald. L liest den Prolog des Buches.
- ***Murmelphase.*** Die Kinder gehen zu zweit im Klassenraum umher und tauschen sich dabei über das Gehörte aus. L heftet das Bild des „wilden Määäh“ an Tafel / Demonstrationswand.
- ***An den Tischen***. Die Kinder erhalten **M1.18**. Sie hören ggfs. die Audiodatei zu den Kommentaren der Tiere. Sie bearbeiten die Frage: Was wissen die Tiere? Wie wenden sie dieses Wissen auf die neue Situation – fremdes Tier im Wald – an? Fragen an den Fortgang der Geschichte.
- ***Denk-Mal***. Gruppensprecher tragen ihre Überlegungen zu Uhu, Maus, Katze, Bär vor. ERWARTUNGSHORIZONT: Die Tiere sind zunächst misstrauisch, ziehen Grenzen. Sie versuchen, das Unbekannte mit dem, was sie kennen, in Einklang zu bringen. Nur das Kitz ist offen. Vorschlag *Denk-Mal-Satz: „Zum Umgang mit Fremdem: Mach dir selbst ein Bild!“*
- ***Frag-Mal.*** Die Kinder stellen ihre Fragen zum Fortgang der Geschichte. L erklärt das Lektüreprojekt. Die Kinder erhalten den Leseplan und Erläuterungen zum Lesetagebuch. Absprachen.
- ***Lied*** **M1.20** lernen und singen.
- ***Abschlussritual***

Schritt 4: **Unser Brückenbau-Projekt**

Material & Vorbereitung

Die drei „Mauersteine" aus Schritt 3; ***Frag-Mal, Denk-Mal, Sag-Mal* (BM3)**; *Spruchband Ps 18,30*; Denk-Mal-Sätze aus Klasse 3 (wenn vorhanden); Materialtheke mit: Bildkarten FB, GE, GS, GO, KF, LH, WR (–> **BM1**); mit den Bibelblättern aus den Bänden RmK1 und 2. Grundtexte **G1.1–G1.8** und **G2.1–G2.8** (–> **BM8**). Arbeitskarten (**D1.21**). ***Frag-Mal-Box*** (–> **BM3**), ***Frag-Mal***-Karten, ***Sag-Mal***-Karten.
Lied (**M1.20**) *Auf Schwingen getragen und frei*; Jahresuhr (–> **BM1**) und Projektkarten (aus **D1.22–27**; hier trifft L ggfs. eine Vorauswahl entsprechend den Bedingungen und Möglichkeiten vor Ort). *Deckblatt* der Einheit für jedes Kind.

Verlauf

- ***Anfangsritual*** und ***Lied*** **M1.20**
- ***Sitzkreis.*** Die „Brücke" bleibt noch liegen, dazu kommen die „Mauersteine". L legt das *Spruchband* dazu sowie das ***Frag-Mal*** als stummen Impuls für die Kinder, Fragen zu finden. ERWARTUNGSHORIZONT: Was hat Gott mit den Steinen und Mauern des Lebens zu tun?
- L: „Drei Jahre Reli liegen hinter uns. Was haben wir da alles gehört und gesagt, entdeckt, gefragt, gedacht, getan!" Einladung, die Materialtheke zu sichten und gemäß den dort ausliegenden Arbeitskarten (**D1.21**) damit zu arbeiten: Bildkarten zu Gruppen zusammenlegen, den Bibelblättern Geschichten zuordnen.
- ***Gruppenarbeit*** an der Materialtheke gemäß den Vorschlägen auf den Arbeitskarten (ca. 20 Min.; soll unausgewertet bleiben).
- ***Sitzkreis.*** L hat die Jahresuhr dazugelegt. Die Kinder setzen sich wieder. L: „So viele Erfahrungen habt ihr schon. ***Frag-Mal*** und ***Denk-Mal*** haben euch begleitet." Vorstellung ***Sag-Mal.*** L: „Im neuen Jahr kommt das ***Sag-Mal*** hinzu: Ihr könnt immer besser selbst erzählen, selbst Stellung nehmen, selbst sagen, was ihr denkt und glaubt." Plan, im kommenden Jahr (Jahresuhr) ein oder zwei Projekte durchzuführen. Vorstellung der möglichen Projekte (Projektkarten).
- ***Stationen / Vier-Ecken-Spiel.*** Die Projektkarten werden im Raum verteilt (entsprechend viele Stationen). Die Kinder wandern und lesen. Schließlich bleiben sie bei dem Projekt stehen, das sie am interessantesten finden. Zwei Projekte (darunter möglichst **D1.22**) werden beschlossen.
- Jedes Kind erhält das *Deckblatt* der Einheit für persönliche Notizen und zur Aufbewahrung in der Reli-Mappe.
- ***Abschlussritual***

Biblisches Erzählen: Ein Fremder vertraut Jesus

Material & Vorbereitung

Für die Mitte: Bibel, „Brunnen“ (–> **BM2**); Bildkarten ET, GS, KF (**BM1**). Gelbes oder braunes Tuch, darauf wird symbolisch eine Mauer aufgebaut (mit Spielzeug-Bausteinen oder kleinen Steinen aus Feld und Flur).
Erzähllied *Lasst uns heute zu dem Brunnen gehen* (**M1.28**), Erzählvorlage **M1.29**. ***Frag-Mal***. Moderationskarten in drei Farben und Stifte. *Bibelblatt* „Jesus“ (**M1.30**), Schlusslied *Du bist der Ich-bin-da* (**M1.31**), Grundtext **G4.1.**

Verlauf

- Anfangsritual der Bibelerzählstunden mit Lied **M1.28**
- ***Gemeinsame Meditation*** über dem Symbol „Brunnen“. Impulsfragen:
  - Woran merkst du, dass jemand oder etwas lebt?
  - Wenn ich ein Bild vom Leben malen sollte, würde ich das so malen: ...
  - Leben ist für mich wie ...
  - Leben ist ...

  Mit Bildkarten aus ET, GS, KF:
  - Jesus hat mal gesagt: „Leben ist mehr als Essen und Trinken und Kleidung“ ...
  - Jesus kannte verschiedene Bilder für „Leben“: Licht, Weg, Brot, Wasser, Wort ...
  - „Taufe“ verbindet Menschen mit Gott – bei Gott ist das wahre Leben ...

  Theologisches Gespräch, ergebnisoffen – es geht nicht um eine „Klärung“, sondern um die Öffnung eines Assoziationsfeldes. Für dieses stehen in der Erzählkreis-Mitte der Brunnen und die Bibel.

- ***Die Bibel öffnen***. L nimmt die Rolle der Frau des Hauptmanns von Kapernaum ein. Erzählt möglichst frei mit **M1.29**.
- ***Stille Zeit.*** Die Kinder schreiben auf Moderationskarten: 1) was sie selbst an der Geschichte wundert, 2) was ihnen gefällt, 3) was sie sich fragen. Die Karten werden in der Mitte abgelegt.
- ***Gespräch.*** Die Karten 1 und 2 werden reihum gelesen und zur Kenntnis genommen (ggfs. Verständnisfragen).
- ***Fragerunde und Theologisieren***. Das ***Frag-Mal*** geht von Hand zu Hand. Kinder nennen ihre Fragen von den Karten 3). Eine der Fragen wird aufgegriffen und im *Theologischen Gespräch* thematisiert: z. B. „Wie können wir uns diese ‚Fern-Heilung‘ vorstellen?“
- Die Kinder erhalten das Bibelblatt zur eigenen Gestaltung des „J“ und zur Einordnung ins eigene Bibel-Buch.
- ***Schlussritual*** der Bibelerzählstunden mit Lied **M1.31.**

Einheit 2

Wir sammeln unsere Stärken

Für diese Einheit benötigen Sie
M2.1, M2.2, D2.3, M2.4, M2.5, M2.6, M2.7, M2.8, M2.9, M2.10, M2.11, D2.12, D2.13, M2.14, D2.15, D2.16, D2.17, M2.18, G4.2
D1.17, M1.28, M1.30, M1.31
BM1, BM2, BM3, *Elternbrief 11* BM4, Islam 2 und 7 BM5, Deckblatt 2, Spruchbänder Jes 55,8 und 1 Mose 9,13, Spruchbänder aus Religion mit Kindern 1–3, Bibelblätter aus Religion mit Kindern 1+2

Schritt 1: **Wo kommen wir her?**

Material & Vorbereitung

Einschulungsbilder (die Kinder werden im Vorfeld gebeten, Fotos von ihrer Einschulung mitzubringen), ein Klassenfoto der ganzen Gruppe am Einschulungstag oder zu einem anderen Zeitpunkt im ersten Schuljahr. Möglichkeit zum Fotografieren und zum Ausdruck des Fotos oder zu ihrer Projektion.

Die „Pässe" der Kinder aus Einheit 1, Schritt 1. Lied *Wir werden immer größer* (**M2.1**), Lied *Wie schön, dass du geboren bist* (**M2.2**), Moderationskarten

Verlauf

- ***Anfangsritual***
- ***Sitzkreis.*** Die Kinder zeigen ihre Einschulungsbilder. Sie erzählen, woran sie sich erinnern. In die Mitte kommt das alte Klassenfoto. Die Kinder zeigen der Reihe nach, wo sie stehen. Gespräch: Was war damals anders als heute? (bei jedem einzelnen Kind, im Hinblick auf die Gesamtgruppe)
- Wenn etwa Kinder aus der ersten Klasse nicht mehr dabei sind, sollen sie ausdrücklich beim Namen genannt werden; Erinnerungen werden ausgetauscht. L achtet auf einen wertschätzenden Umgang.
- ***Stellprobe.*** Die Kinder versuchen, sich genauso wieder aufzustellen, wie sie damals gestanden haben; L macht Fotos. Idealerweise können die Ergebnisse gleich gemeinsam betrachtet und mit dem Ursprungsbild verglichen werden. (Wertschätzend!)
- ***Sitzkreis.*** Lieder aus der KiTa-/Schulanfangszeit werden aufgefrischt: **M2.1** und **M2.2** – die Schlussverse des Geburtstagslieds reichen noch weiter in die Vergangenheit: „So lang hat Gott dich froh gemacht …"; die Kinder erzählen von frühkindlichen Erinnerungen; L erzählt auch.
- ***An den Tischen***. Die Kinder erhalten viele bunte Moderationskarten. Sie schreiben auf, was sie seit damals alles gelernt haben (vor der Schule, in der Schule) – zuerst jedes Kind für sich, dann Austausch an den Tischen. Als Hilfe dienen dabei die individuellen „Pässe".
- L markiert an einer Moderationswand eine Wachstumskurve mit den Stationen „vor der Schule", „Einschulung", „Klasse vier". Die Tischgruppen stellen der Reihe nach ihre Karten vor und platzieren sie an der Wand.

> Hier bietet sich die Gelegenheit, Projekt A einzuführen: Was müssen die neuen Erstklässler alles lernen? Wie können wir sie dabei unterstützen? – Schritt 1: Patenschaften!

- ***Schlussritual***

Schritt 2: **Was trägt uns?**

Material & Vorbereitung

Die Kinder bringen ihre Bibelbücher mit.
Materialtheke: Wollfäden, Klebstoff, verschiedenfarbige Tonpappen DIN A3.
Lied *Wir werden immer größer* (**M2.1**); Lied *Wie schön, dass du geboren bist* (**M2.2**); Ausdrucke „Liedverse“ (**D2.3***);* Arbeitsblatt **M2.4** zum Leben Moses für je vier Kinder.

Verlauf

- *Anfangsritual*
- ***Die Lieder*** **M2.1** und **M2.2** werden gesungen, die Texte verglichen. Dazu liegen zwei Plakate auf dem Boden (**D2.3**). ERWARTUNGSHORIZONT: Beide Verse staunen über die Entwicklung des Kindes (Wachsen, Wohlergehen); einmal wird die Ursache mit „ganz von allein“ beschrieben, einmal mit Gottes Handeln. Die Kinder sprechen darüber, was Gott mit ihrem Leben zu tun hat / haben könnte. Vorschlag *Denk-Mal-Satz: „Die einen sagen: Zufall. Andere sagen: Das war Gott. Beides sind Deutungen.“*
- ***Vierergruppen.*** Beispiel Mose. Die Kinder rekonstruieren mithilfe ihrer Bibelbücher und Arbeitsblatt **M2.4** Ausschnitte aus dem Lebensweg Moses. Sie gestalten seinen Lebensweg mit Wollfäden. Sie bereiten eine Erzählung vor: „Mose steht an der Schwelle zum Land der Verheißung. Er schaut auf sein Leben zurück. Er erzählt ...“
- ***Erzählungen von Mose.*** Die Kinder hören und vergleichen die Erzählversionen der einzelnen Gruppen. Frage: Wie deutet „Mose“ sein Leben? ERWARTUNGSHORIZONT: Mose versteht seine Kindergeschichte als Rettungstat Gottes – durch seine Mutter, die Tochter des Pharao und Mirjam. Mose versteht sich als berufen durch Gott und seine Aufgabe als Auftrag Gottes. Beim Auszug aus Ägypten und während der Wüstenwanderung fühlt er sich im steten Austausch mit Gott, dessen Stimme er hört.

Hier bietet sich die Gelegenheit, Projekt A weiter zu denken. Schritt 2: Können die Kinder in Klasse 1 von Mose erzählen?

- *Schlussritual*

Schritt 3: **Was für ein Gott?**

Material & Vorbereitung

Die Kinder haben von der Klassenlektüre die Portionen 2 und 3 gelesen; evtl. Hörfassung des Gespräches über das „große Auge“ (S. 44–46); Bildkarten GO (→ **BM1**); Bild „Das wilde Määäh“ (**D1.17**); Arbeitsblätter „Gott in den Religionen“ (**M2.5–M2.9**); Bibelblätter „Elia“ (RmK1), „Mose“ (RmK2), „Gott“ (RmK1 und RmK2). Lied *Du bist der Ich-bin-da* (**M1.31**).

Verlauf

- *Eingangsritual*
- In der Mitte liegt das Bild vom „wilden Määäh“. Die Kinder erzählen, was sie gelesen haben. L liest die Sequenz über das „große Auge“. Das ***Frag-Mal*** lädt zum Fragen ein. *Theologisches Gespräch* über Glauben, Religion, Gottesbilder. ERWARTUNGSHORIZONT: Was sehen die Tiere da oben am Himmel? Wie kommt es, dass jedes Tier das, was es da sieht, anders nennt? Wenn die Kinder nicht weiterkommen, erinnert L an den Denk-Mal-Satz des letzten Schritts; Stichwort: *Deutung!*
- ***Gruppenarbeit an den Tischen.*** Die Kinder arbeiten arbeitsteilig oder nacheinander (je nach Zeitbudget) mit den Arbeitsblättern **M2.5–M2.9**; sie finden heraus, dass verschiedene Kulturen verschiedene Religionen gefunden haben. Und wieder scheint dies eine Frage der Deutung zu sein.
- ***Präsentationen.*** Die verschiedenen Religionen werden vorgestellt und beschrieben.

> Hier besteht die Gelegenheit, Projekt E einzuführen. Schritt 1: Einen Fragebogen entwickeln, um Menschen nach ihrem Glauben zu fragen.

- ***Frag-Mal.*** Gemeinsam mit L stoßen die Kinder auf die Frage: „Was ist denn nun wahr?“ L: „Für mich ist wahr: der Gott, von dem die Bibel erzählt. In der Bibel finde ich Geschichten von Gott, die für mich ganz wichtig sind.“ (Hier entscheiden Sie selbst, ob Sie den Kindern ein Beispiel geben.)
- ***Lied*** **M1.31**
- ***Einzelarbeit.*** Jedes Kind sucht in seinem Bibelbuch die Geschichte aus, von der es sagen kann: Das ist meine Lieblingsgeschichte von Gott. – Diese Geschichte wird erzählt oder gestaltet.
- ***Schlussritual***

Schritt 4: **Was ist die Bibel?**

Material & Vorbereitung

Materialtheke mit verschiedenen Bibeln und Kinderbibeln (Die Kinder können eigene Kinderbibeln von zu Hause mitbringen; verabreden und organisieren Sie deren Verbleib im Klassenraum bis zum nächsten Schritt); Arbeitsblatt Bibelforscher (**M2.10**), Lied *Bibelkarawane* (**M2.11**), *Spruchband Jes 55,8*; Bibelposter **D2.12** ***und „Bibelbücher“*** **D2.13,** ausgedruckt auf farbigem, etwas dickerem Papier und ausgeschnitten. Lied *Du bist der Ich-bin-da* (**M1.31**)

Wenn Sie muslimische Kinder in Ihrer Klasse haben –> **BM5 *Frag mal nach dem Islam 2***

Verlauf

- ***Anfangsritual***
- ***Gruppenarbeit***. Die Kinder wählen je eine Vollbibel und ein oder zwei Kinderbibeln aus; sie machen sich mithilfe des Arbeitsblatts mit ihnen vertraut. Das Arbeitsblatt bietet drei Bearbeitungsstufen. Nach Stufe 1 und 2 werden Zwischenergebnisse ausgetauscht.
- ***Sitzkreis.*** Lied **M2.11**. Die Kinder erzählen von ihren Entdeckungen mit Stufe 3 des Arbeitsblatts. L legt das Bibelposter in die Mitte. Die Kinder identifizieren die Bücher, aus denen sie schon Geschichten kennen, und kleben sie in die Bücherregale.

Spruchband und ***Frag-Mal*** provozieren ein Gespräch über die Autorität / Wahrheit der Bibel (Stichwort: Gottes Wort). Wie kann man das verstehen? ERWARTUNGSHORIZONT: Menschen haben die Geschichten der Bibel erzählt, Menschen haben sie gesammelt und aufgeschrieben. Es sind alles Geschichten mit Gott. Wer weiß: Vielleicht hat der Heilige Geist beim Erzählen, Ordnen und Schreiben mitgewirkt? Vorschlag *Denk-Mal-Satz: Menschen sagen: Die Bibel ist Gottes Wort. Das ist eine Deutung.*

> Hier bietet sich die Möglichkeit, Projekt E weiter zu planen: ein Gespräch mit Muslimen über die Heilige Schrift der jeweiligen Religion.

- ***Lied*** **M1.31**
- ***Schlussritual***

Schritt 5: **Gott in der Bibel**

Material & Vorbereitung

Materialtheke: Baumwoll-/Wollreste, elastischer Faden, Perlen in versch. Formen und Farben (evtl. die Perlen des Glaubens – www.perlen-des-glaubens.de; in diesem Fall müsste jedes Kind ca. 9 Euro Materialkosten tragen, d. h. die Eltern müssten informiert und gefragt werden –> **BM4** *Elternbrief 11*)

Traumreise „Bibel" (**M2.14**); Spruchbänder aus den vergangenen Schuljahren (wenn vorhanden, alle alttestamentlichen). ***Frag-Mal***. Die Buchstaben „B", „D", „N", „U" (**D2.15**); *Spruchband 1 Mose 9,13*.

Die Kinderbibeln von Schritt 4: Suchen Sie einige typische Illustrationen „Arche Noah mit Regenbogen" aus, legen Sie Lesezeichen hinein und legen Sie die betreffenden Kinderbibeln vor Stundenbeginn in die Mitte des Sitzkreises. Zu den „Perlen des Glaubens" gibt es ein Infoblatt **D2.16**. *Islam* –> **BM5** Frag mal nach dem *Islam* 7.

Verlauf

- ***Eingangsritual***
- ***Sitzkreis.*** Angesichts der Kinderbibeln erzählen die Kinder, was sie in Schritt 4 getan und entdeckt haben. L: „Die Bibel ist ein Buch vieler, vieler Geschichten von Menschen und Gott. Sie ist aber auch das Buch *der einen Geschichte Gottes mit den Menschen*."
- L nimmt die Kinder mit auf eine ***Traumreise*** „an die Wasser von Babylon". Dabei entsteht die Idee – die Deutung – einer Freundschaftsgeschichte Gottes mit den Menschen (den ersten / einzelnen / dem Volk Israel / mir und dir).
- ***Frag-Mal.*** Die Kinder unterhalten sich mit Ls Hilfe darüber, was das Besondere dieser Freundschaft ist. ERWARTUNGSHORIZONT: Können Menschen mit Gott „befreundet" sein? Gott und Mensch sind nicht gleich. Menschen glauben: Gott ist größer, besser, Gott ist Schöpfer, Herrscher, Richter ... Der Mensch ist in Gottes Hand. – Es ist eine ungleiche Freundschaft zwischen Gott und Mensch ...
- L: „Mit Worten kann man das beschreiben. Es gibt in der Bibel ein besonderes Wort dafür ..." L legt die vier Buchstaben. Die Kinder fügen daraus das Wort „Bund". Wortfeldarbeit: Bund, Bündnis, verbinden, verbünden, Band ... / L: „Mit Worten kann man das beschreiben. Auch mit Bildern. In der Bibel gibt es verschiedene Bilder für den Bund. Zum Beispiel ..." L schlägt die Kinderbibeln an den vorbereiteten Stellen auf und zeigt den Regenbogen. Legt das neue *Spruchband*. Gesprächsrunde über die Vorkenntnisse der Kinder mit Regenbogen, Arche und Sintflut. (Dabei soll der Fokus auf dem versöhnlichen Ende der Geschichte liegen.)
- ***An den Tischen***. Jedes Kind gestaltet für sich ein Band, das es an den Bund mit Gott erinnern kann; zum Beispiel ein Freundschafts-, Fantasie- oder Perlen-des-Glaubens-Band.
- ***Schlussritual***

Biblisches Erzählen: Ein Freund vertraut Jesus

Material & Vorbereitung

Für die Mitte: Bibel, „Brunnen" (–> **BM2**); Bildkarten EL, GS, GO, LH (–> **BM1**). Blaues Tuch, Spielzeugboot
Erzähllied *Lasst uns heute zu dem Brunnen gehen* (**M1.28**). Jesusbild **D2.17**, Erzählvorlage **M2.18**. ***Frag-Mal***. Moderationskarten in drei Farben und Stifte. *Bibelblatt* „Jesus" (**M1.30**), Grundtext **G4.2**. *Deckblatt* der Einheit für jedes Kind. Schlusslied *Du bist der Ich-bin-da* (**M1.31**)

Verlauf

- Anfangsritual der Bibelerzählstunden mit Lied **M1.28**
- Mit Jesusbild und Impuls: „Jesus kann, was andere nicht können …" Die Kinder führen ein *christologisches Gespräch* über Jesus (ergebnisoffen).
- ***Die Bibel öffnen***. L nimmt die Rolle einer Jüngerin ein. Erzählt möglichst frei mit **M2.18.**
- ***Stille Zeit.*** Die Kinder schreiben auf Moderationskarten: 1) was sie selbst an der Geschichte wundert, 2) was ihnen gefällt, 3) was sie sich fragen. Die Karten werden in der Mitte abgelegt.
- ***Gespräch.*** Die Karten 1 und 2 werden reihum gelesen und zur Kenntnis genommen (ggfs. Verständnisfragen).
- ***Fragerunde und Theologisieren***. Das ***Frag-Mal*** geht von Hand zu Hand. Kinder nennen ihre Fragen von den Karten 3). Eine der Fragen wird aufgegriffen und im *Philosophischen Gespräch* thematisiert, z. B.: Was macht Petrus so traurig? Was müssen gute Freunde können?
- Die Kinder bekommen je ein Bibelblatt „Jesus", den Grundtext **G4.2** und das *Deckblatt* der Einheit.
- ***Schlussritual*** der Bibelerzählstunden mit Lied **M1.31.**

Einheit 3
Wir geben acht

Für diese Einheit benötigen Sie
D3.1–D3.5, D3.6–3.15, D3.16, D3.17, M3.18, M3.19, M3.20, D3.21, D3.22, M3.23, M3.24, D3.25, G4.3
M1.28
BM2, BM3, Deckblatt 3, Spruchbänder Lk 6,31 und 1 Kor 10,24

Schritt 1: **Um jeden Preis?**

Material & Vorbereitung

Trailer des Films *Unsere Zehn Gebote* (http://www.unsere-zehn-gebote.de/trailer_kinder.php) und **D3.1**, Episode 1 und / oder Nacherzählung **D3.2**, Screenshots **D3.6–D3.8**, aus **D3.16** das erste Gebot (groß kopiert, als Plakat). Für jedes Kind zwei Denkblasen (**D3.17**). Lieder **M3.18** *Lied vom Stein* und **M3.19** *Jeder Schritt auf dieser Erde.*
Evtl. **D3.25**

Verlauf

- ***Anfangsritual***
- ***Kinositz.*** L und Kinder sehen gemeinsam den Trailer. Austausch über das Projekt: mit Kindern (und Jugendlichen) von heute; mit Fragen nach Freundschaft, Anerkennung, Gut und Böse. Mit Deutungen und mit Brückenschlag zu den zehn Geboten des Mose. Erinnerung an die Wüstenwanderung und die Regeln für das Leben im Land der Verheißung (***Religion mit Kindern 3***, Einheit 2). L schlägt vor: die Episoden zum ersten, (dritten[1]), siebten und zehnten Gebot.
- L und Kinder sehen gemeinsam die erste Episode. *Und / oder :*
- ***Sitzkreis.*** Die Screenshots **D3.6–D3.8** liegen in der Mitte. L erzählt mit **D3.2** die Geschichte von Marie und Lilli bzw. fasst das Gesehene zusammen. Die Kinder äußern sich spontan. ERWARTUNGSHORIZONT: Empörung über Lilli, über Maries „Opfer“ und die Mutprobe; Verständnis für Maries Wunsch, dazuzugehören.
- ***An den Tischen***. Die Kinder erhalten je zwei leere Denkblasen. Sie füllen die eine mit einem wichtigen Gedanken Maries, die andere mit einem wichtigen Gedanken Lillis.
- ***An zwei Stationen*** im Raum liegen die Screenshots von Marie bzw. Lilli. Die Kinder umgeben sie mit den jeweils passenden Sprechblasen. Es werden eine Marie- und eine Lilli-Gruppe gebildet, die jeweils die Gedanken chronologisch sortieren und vorstellen.
- ***Sitzkreis***. In der Mitte liegt das erste Gebot. ***Frag-Mal***. L: „Lasst uns versuchen, eine Brücke zu bauen: von Maries Geschichte zum ersten Gebot des Mose: Was hat das eine mit dem anderen zu tun?“ *Theologisches Gespräch:* Gott ist ein Wort für das Wichtigste im Leben. Gott ist kein kleiner Hund. Aber: Für Marie ist Amos sehr wichtig; er ist ihr anvertraut; sie sollte zu ihm halten ... Dass sie ihn „opfert“ / „verrät“, macht sie selbst sehr unglücklich.
- ***Lieder.*** Die Kinder prüfen die Texte **M3.18** und **M3.19**: Welches der beiden Lieder bringt die Brücke zum ersten Gebot besser zum Ausdruck? – Üben und Singen.
- ***Schlussritual***

---

1 Je nachdem, wieviel Zeit Sie für diese Einheit einsetzen können. Alternativ und erweiternd ist es möglich, die mittleren Episoden arbeitsteilig zu behandeln: Die Kinder sehen an bereitgestellten Laptops (oder im Computerraum) je eine Episode (Stationenarbeit) und arbeiten dazu jeweils mit dem Arbeitsblatt **D3.25**.

Schritt 2: **Keine Zeit?**

Material & Vorbereitung

Filmepisode zum dritten Gebot und / oder Nacherzählung **D3.3**; Screenshots **D3.9** und **D3.10**; aus **D3.16** das dritte Gebot (groß kopiert, als Plakat), Arbeitsblatt **M3.20** für jedes Kind. Lied **M3.18** *Lied vom Stein* bzw. **M3.19** *Jeder Schritt auf dieser Erde* (je nach Wahl der Kinder in Schritt 1)

Verlauf

- ***Anfangsritual***
- ***Sitzkreis.*** Die Screenshots **D3.9** und **D3.10** liegen in der Mitte. L erzählt die Geschichte von Max' Baumhaus bzw. fasst das Gesehene zusammen. Die Kinder äußern sich spontan. ERWARTUNGSHORIZONT: Zustimmung für Max, der die Eltern auch einmal für sich haben will. Austausch eigener Erfahrungen mit der Zeit der Erwachsenen.
- ***An den Tischen.*** Jedes Kind bearbeitet Teil 1 von **M3.20** für sich allein: Ausfüllen des „Stundenplans".
- ***Mit den Ergebnissen***: Austausch in Tischgruppen.
- Nach ca. 10 Minuten (Gong) Rückkehr zur ***Einzelarbeit***: Wunschzettel für freie Zeit (**M3.20**, 2. Teil)
- ***Sitzkreis.*** In der Mitte liegt das dritte Gebot. ***Frag-Mal.*** L: „Lasst uns versuchen, eine Brücke zu bauen: von Max' Geschichte zum dritten Gebot des Mose: Was hat das eine mit dem anderen zu tun?" *Theologisches Gespräch:* Menschen brauchen Zeit zum Aufatmen, sie brauchen Zeit für sich selbst, für andere und für Gott. In der Bibel wird diese Erkenntnis durch Gott selbst begründet: Es wird erzählt, Gott selbst ruhte am siebten Tag der Schöpfung und heiligte ihn. Sollten Menschen das nicht auch tun? Erinnerung an den vorgeschlagenen *Denk-Mal-Satz: Wer an Gott glaubt, glaubt: „Gott will, dass Menschen achtsam leben und sich vertragen."*
- ***Lied*** **M3.18** oder **M3.19**
- ***Schlussritual***

Schritt 3: **Alles meins!?**

Material & Vorbereitung

Filmepisode zum siebten Gebot und / oder Nacherzählung **D3.4**; Screenshots **D3.11–D3.13**; aus **D3.16** das siebte Gebot (groß kopiert, als Plakat), viele leere Denkblasen (**D3.17**) und dicke Stifte; Lied **M3.18** *Lied vom Stein* bzw. **M3.19** *Jeder Schritt auf dieser Erde* (s. o.), *Spruchband Lk 6,31.*

Verlauf

- ***Anfangsritual***
- ***Sitzkreis.*** Die Screenshots **D3.11–D3.13** liegen in der Mitte. L erzählt die Geschichte von Kevin und der Bretzel bzw. fasst das Gesehene zusammen. Die Kinder äußern sich spontan. ERWARTUNGSHORIZONT: So ein „Mundraub" ist einerseits keine große Sache – andererseits: „Wehret den Anfängen"; eigene Erfahrungen mit dem Stehlen (Achtung: diskret behandeln!); Freundschaft ist mehr wert als Geld.
- ***Erprobung.*** Die Hälfte der Kinder sucht sich einen Platz im Klassenraum und nimmt die Pose einer „Living Doll" ein; die anderen gehen umher und erproben die Wirkung. Regel: Schweigend! – Nach einer Weile wird gewechselt.
- ***Austausch.*** Die Kinder erzählen von ihren Empfindungen und Erfahrungen a) als „Living Doll", b) als Betrachtende/r.
- ***Kleingruppen.*** Immer drei (vier) Kinder entwickeln ein Standbild: Sie denken sich eine Diebstahl-Szene aus (etwa wie Kevin und die Brezelverkäuferin) und gestalten eine Schlüsselszene: zwei Akteure, ein (oder zwei) Regisseur(e). Welche Haltung nimmt die Bestohlene, welche der Stehlende ein? Was vermittelt der jeweilige Gesichtsausdruck?
- ***Präsentationen.*** Die Standbilder werden gebaut – zum Vergleich immer drei oder vier nebeneinander. Die übrigen Kinder gehen umher und sehen sich die Haltungen und Mimiken ganz genau an. Am Pult liegen leere Denkblasen und Stifte bereit. *Aufgabe: Wenn du eine Idee hast, was einer der „Diebe" oder „Bestohlenen" wohl gerade denkt, schreib es auf eine Denkblase und lege sie ihm / ihr zu Füßen.*
- ***Sitzkreis.*** In der Mitte liegt das siebte Gebot. ***Frag-Mal.*** L: „Lasst uns versuchen, eine Brücke zu bauen: von Kevins Geschichte zum siebten Gebot des Mose: Was hat das eine mit dem anderen zu tun?" *Ethisches Gespräch:* Kevin klaut eine Bretzel; das scheint nicht so schlimm zu sein. Aber dann merkt er, wie weh es tut, bestohlen zu werden. Durch Rollentausch kann man lernen, Verhalten aus der Perspektive der Betroffenen zu sehen. Das ändert die Bewertung. Vorschlag *Denk-Mal-Satz: Was du nicht willst, was man dir tu, das füg auch keinem andern zu.* Ergänzt wird das *Spruchband*: Jesus sagt: „Behandelt die Menschen so, wie ihr selbst von ihnen behandelt werden wollt."
- ***Lied*** **M3.18** oder **M3.19**
- ***Schlussritual***

Schritt 4: **Mein gutes Recht?**

Material & Vorbereitung

Filmepisode zum zehnten Gebot – zunächst nur bis: Marie bekommt Amos zurück; und / oder Nacherzählung **D3.5**; Screenshots **D3.14** und **D3.15**; aus **D3.16** das zehnte Gebot (groß kopiert, als Plakat), Arbeitsblatt **D3.21**, Lied **M3.18** *Lied vom Stein* bzw. **M3.19** *Jeder Schritt auf dieser Erde* (s. o.), *Spruchband 1 Kor 10,24.*

Verlauf

- ***Anfangsritual***
- ***Sitzkreis.*** Die Screenshots **D3.14** und **D3.15** liegen in der Mitte. L erzählt die Geschichte von Marie und Sophie bzw. fasst das Gesehene zusammen (zunächst nur Teil 1). Die Kinder äußern sich spontan. ERWARTUNGSHORIZONT: Es ist Maries Hund (Beweis!). Andererseits: Sie haben beide recht. Marie hat so lange nach „Amos" gesucht. Sophie sitzt im Rollstuhl; für sie ist „Puschel" ein ganz wichtiger Partner.
- ***Planspiel*** „Schiedsgericht". *Vorbereitung:* Die Kinder teilen sich in vier Gruppen, zweimal A, zweimal B. Gruppe A1 entwirft eine Rede für Marie, in der sie sich für die Rückgabe ihres Hundes einsetzt; Gruppe B1 tut das Gleiche für Sophie. Gruppe A2 entwirft eine Rede für Maries Mutter: wie es für Marie wäre, wenn sie Amos *nicht* zurückbekäme. Gruppe B2 tut das Gleiche für Sophies Mutter.
- *Durchführung*: Inszeniert wird eine Gerichtsversammlung. Die Gruppen A und B stellen je eine Rednerin; der Rest der jeweiligen Gruppe fungiert als Anwälte. Der Rest der Klasse ist die Jury. L übernimmt als „Richterin" die Moderation. Die vier Reden werden vorgetragen; anschließend stimmt die Jury ab.
- ***Sitzkreis***. Blitzlichtrunde zum Spiel.
- L erzählt, wie die Episode im Film ausgeht (mit **D3.6**, Teil 2). (Hier kann auch der Film zu Ende geschaut werden). Die Kinder äußern sich spontan. L legt das zehnte Gebot und das Frag-Mal in die Mitte. L: „Lasst uns versuchen, eine Brücke zu bauen: von Sophies Geschichte zum zehnten Gebot des Mose: Was hat das eine mit dem anderen zu tun?" *Ethisches Gespräch:* Eigentlich haben beide gute Gründe, den Hund für sich zu fordern. Andererseits gehört der Hund Marie. Also betrifft das Gebot Sophie. Aber das ist nicht gerecht. ... L: „Vielleicht sollte man den Hund teilen? – Sich verstehen und einigen, das ist mehr als gerecht; das schafft Frieden." Vorschlag *Denk-Mal-Satz: Selbst recht haben macht nicht glücklich. Zum Glück gehört, dass man sich einigt.* Das *Spruchband* 1 Kor 10,24 wird gelegt.
- ***Lied*** **M3.18** oder **M3.19**
- ***Schlussritual***

Biblisches Erzählen: Das Volk kann nicht warten

Material & Vorbereitung

Für die Mitte: Bibel, „Brunnen“ (–> **BM2**); die Zehn Gebote (aus **D3.16**), Mose und sein Stab (Bastelvorlage **D3.22**)
Erzähllied *Lasst uns heute zu dem Brunnen gehen* (**M1.28**). Erzählvorlage **M3.23**. ***Frag-Mal***. Moderationskarten in drei Farben und Stifte. *Bibelblatt* „Mose“ (**M3.24**), Grundtext **G4.3**. *Deckblatt* der Einheit für jedes Kind. Schlusslied *Du bist der Ich-bin-da* (**M1.31**)

Verlauf

- Anfangsritual der Bibelerzählstunden mit Lied **M1.28**
- Die Kinder erkennen Mose und stellen den Zusammenhang zwischen Mose und den Geboten her. L stimmt die Kinder ein: Wüste, Gottesberg ...
- ***Die Bibel öffnen***. L nimmt die Rolle Josuas ein. Erzählt möglichst frei mit **M3.23**.
- ***Stille Zeit.*** Die Kinder schreiben auf Moderationskarten: 1) was sie selbst an der Geschichte wundert, 2) was ihnen gefällt, 3) was sie sich fragen. Die Karten werden in der Mitte abgelegt.
- ***Gespräch.*** Die Karten 1 und 2 werden reihum gelesen und zur Kenntnis genommen (ggfs. Verständnisfragen).
- ***Fragerunde und Theologisieren***. Das ***Frag-Mal*** geht von Hand zu Hand. Kinder nennen ihre Fragen von den Karten 3). Eine der Fragen wird aufgegriffen und im *Theologischen Gespräch* thematisiert, z. B.: Was ist falsch an einem selbstgemachten Gott? Ist Gott eifersüchtig? Zusätzliche Impulse: das *Deckblatt* der Einheit. Erinnerung an den Bund / das Band (Einheit 2).
- Die Kinder bekommen je ein Bibelblatt „Mose“, den Grundtext **G4.3** und das *Deckblatt* der Einheit.
- ***Schlussritual*** der Bibelerzählstunden mit Lied **M1.31**.

Einheit 4

Wir werden frei

Für diese Einheit benötigen Sie
D4.1, M4.2, M4.3–M4.6, D4.7–D4.10, M4.11–M4.15, D4.16–D4.20, M4.21, M4.22, D4.23, D4.24–D4.25, D4.26, M4.27, M4.28, M4.29, M4.30, M4.31, M4.32, G4.4, V1
M1.20, M1.28, D3.17
BM2, BM3, *Elternbrief 12* BM4, *Dialog 11* BM6, Deckblatt 4
Spruchbänder Gal 3,28; Klg 1,20; Röm 5,1; 1 Joh 4,9

Schritt 1: **Brücken ins Mittelalter**

Material & Vorbereitung

Die Kinder werden im Vorfeld gebeten, Verkleidungssachen mitzubringen, zum Beispiel einfache Sackkleider (Stoffbahn mit Kopf-Loch und Bindegurt) und, wenn vorhanden, ihre Sommer-Sandalen. L ergänzt den Vorrat um Tücher und Stoffe, die mit Wäscheklammern arrangiert werden können. Die Kinder sind eingeladen, Ritterspielzeug und Sachbücher zum Mittelalter mitzubringen. (*Elternbrief 12* –> **BM4**)

In der Mitte liegen Symbole aus dem Mittelalter: Schreibfeder, Geldbeutel, Schwert, Spindel o.ä.; außerdem oder alternativ die vier Bilder **D4.1**, größer kopiert, auf dünne Pappe geklebt und ausgeschnitten. *Spruchband Gal 3,28*; Materialtheke mit Verkleidungssachen und Accessoires.

Zeitreise **M4.2**. Arbeitsblätter **M4.3–M4.6**; Info-Blätter **D4.7–D4.10**.

Verlauf

- ***Anfangsritual***
- ***Sitzkreis.*** Die Kinder äußern sich zu den Symbolen. L nimmt die Kinder mit auf die Zeitreise.
- ***Gruppenarbeit.*** Die Kinder bearbeiten in Tischgruppen arbeitsteilig die Arbeitsblätter **M4.3–M4.6**. (Alternativ: Stationenarbeit). Sie recherchieren in www.kinderzeitmaschine.de/mittelalter/lucys-wissensbox.html?no_cache=1&ht=4&ut1=11 (wie auf den Arbeitsblättern angegeben) und / oder erhalten als Material die Info-Blätter **D4.7–D4.10.**
- ***Präsentationen***. Die Kinder erzählen in Verkleidung in der Ich-Perspektive: Kaufmann, Ritter, Mönch, Magd / Knecht.
- ***Aufstellungen.*** Die Kinder bleiben noch in ihren Rollen. Sie sortieren sich nach Kriterien in einem entsprechend großen freien Raum (drinnen oder draußen): Wasser – Wein; Schwarzbrot – Kuchen; Seide – Leinen; befehlen – gehorchen; Arbeit – Freizeit; Macht – Ohnmacht; die Aufstellungen werden erläutert und kommentiert. (Nicht alles ist eindeutig!)
- Am uneindeutigsten ist die letzte Aufgabe: nah bei Gott – fern von Gott. Hier wird ein *theologisches Gespräch* nötig, für das die, die draußen gespielt haben, besser wieder hineingehen. ERWARTUNGSHORIZONT: Für Gott gibt es keinen Unterschied zwischen Arm und Reich, Mächtig und Ohnmächtig. Frage: Ist ein Mönch, der immer betet und nach Gott fragt, vielleicht näher bei Gott als andere Menschen?
- ***Sitzkreis.*** L: „Lasst uns versuchen, eine Brücke zu bauen zwischen dem Mittelalter und unserer Zeit.“ Die Kinder stellen Vergleiche an: Es gibt immer noch Mönche, aber nicht mehr so viele. Es gibt keine Ritter mehr, aber Soldaten. Es gibt immer noch Kaufleute, wenn auch anders ... Es gibt immer noch Arm und Reich, Mächtig und Ohnmächtig ... Das *Spruchband* als zusätzlicher Impuls. (Und Gott liebt nach wie vor alle?!)
- ***Schlussritual***

Schritt 2: **Brücken zu Martin Luther**

Material & Vorbereitung

Hinweis: Das Material reicht für mindestens drei Doppelstunden; eine Kurzfassung mit Beschränkung auf die Stationen „Angst" und „Befreiung" ist möglich; dann ist es L sowie dem Lutherspiel überlassen, das Gesamtbild zu ergänzen.

Für die Mitte: Mittelalter-Symbole aus Schritt 1 und Bilder **D4.1** sowie Martin-Luther-Bonbons (zu beziehen über: http://www.kirchenshop-online.de/themenbereiche/luther.html) zunächst unter einem Tuch verborgen.

Stationen „Angst", „Dienst", „Befreiung", „Flucht", „Bibel" (Aufgaben **M4.11–M4.15**, mit kirche-entdecken.de/lutherspiel/ und / oder den Textblättern **D4.16–D4.20**). Rollenpapier für das Ganzkörperbild von Martin Luther. Laufzettel **M4.21** für jedes Kind.

Verlauf

- ***Anfangsritual***
- ***Sitzkreis***. Mithilfe der Symbole / Bilder **D4.1**: Die Kinder erzählen wiederholend vom Mittelalter. Sie entdecken die Bonbons: Aufdruck, Geschmack ... Vorwissen wird gesammelt: Martinssingen mit „Süßes oder Saures" / „Als Martin Luther ein Knabe war ..."; der Heilige Martin als Namensgeber für Martin Luther, eine wichtige Person am Ende des Mittelalters.
- Ein Kind gibt das Modell ab für die Ganzkörperfigur: Legt sich auf ein genügend großes Stück Rollenpapier; die Umrisse werden ummalt. L: „Noch ist dieser Martin Luther nur ein Umriss. Sehen wir mal, was wir über ihn erfahren können ..." Der Ganzkörper-Luther wird an eine Pinnwand (o.ä.) geheftet.
- ***Verabredungen*** zur Stationenarbeit: Gruppen wie Schritt 1; Auslosung der Start-Plätze. Die Laufzettel werden verteilt.
- ***Stationenarbeit.*** Die Gruppen besuchen von ihrem Start-Platz an im Uhrzeigersinn wahlweise alle oder ausgewählte Stationen (je nach Zeitplanung).
- ***Auswertung.*** Die Kinder versammeln sich um den Ganzkörper-Luther. Die Symbole liegen bereit. Die Kinder erzählen – mit den Ergebnissen der Stationen – zu jedem Symbol: Was hat das mit Luthers Leben zu tun? ERWARTUNGSHORIZONT: Als Kind und junger Mann hatte er Angst vor Gott; er ging ins Kloster; er wurde Professor; er lebte auf einer Ritterburg; ein Fürst (reicher Mann) hat ihn unterstützt; er übersetzte die Bibel. Stichworte werden in den Ganzkörper-Luther geschrieben.
- ***Sitzkreis***. L: „Lasst uns eine Brücke bauen zwischen Martin Luther und uns." Die Kinder tragen zusammen: Martinssingen, evangelische Kirche, keine allgemeine Angst mehr vor Gott, Bibelausgaben für jede/n.
- ***Schlussritual***

Schritt 3: **Mauern und Gräben**

Material & Vorbereitung

Ganzkörper-Luther und Symbole / Bilder wie Schritt 2
Lied *Martin-Luther-Laternenlied* **M4.22** für jedes Kind, Denkblase „Ich bin nicht gut genug!“ (mit **D3.17**, handbeschriftet), *Spruchband Klg 1,20*, Schmuckblatt **D4.23**, wenn möglich eine Kollektion alter Spruchbänder (RmK1–RmK3 und Gal 3,28). Lied *Der Himmel geht über allen auf* (**M4.27**)
Wenn katholische Kinder teilnehmen, ist es wichtig zu kommunizieren: Heute sind sich ev. und kath. Christen darin einig, dass sich Gottes Liebe nicht „verdienen“ lässt (–> **BM6** *Dialog 11*)

Verlauf

- ***Anfangsritual***
- ***Wiederholung.*** Die Kinder versammeln sich vor dem Ganzkörper-Luther und sprechen mit ihm: „Du hast ... / du bist ... Wenn ich du wäre ...“
- ***An den Tischen.*** Jedes Kind erhält **M4.22** und markiert Aussagen, die es aus der Auseinandersetzung mit Luthers Lebensstationen kennt. Es vergleicht seine Ergebnisse mit dem Nachbarn / der Nachbarin.
- L fügt dem Luther-Bild die Denkblase hinzu: „Ich bin nicht gut genug.“ ERWARTUNGSHORIZONT: Die Kinder verorten diese Aussage in Luthers vergeblichen Versuchen, ein besonders guter Mönch zu sein und in Luthers Angst vor einem zornigen (enttäuschten) Gott.
- ***Kreatives Schreiben.*** Jedes Kind erhält ein Schmuckblatt. „Manchmal denke ich, ich bin nicht gut genug ...“ Es schreibt von eigenen Erfahrungen. Ausdrücklicher Hinweis von L: „Das ist nur für dich. Das wird nicht vorgelesen. Wenn du willst, kannst du es mich lesen lassen oder deine Eltern.“
- ***Sitzkreis.*** Die Kinder nennen Stichwörter: Über welchen Bereich des Alltags sie geschrieben haben (Schule, Sport, Familie).
- L: „Lasst uns eine Brücke bauen zwischen Martin Luther und uns.“ ERWARTUNGSHORIZONT: Wir denken, wir sind nicht gut genug in der Schule oder im Sport oder in den Augen unserer Eltern und Freunde. – Luther dachte, er wäre nicht gut genug vor Gott. Wir lernen und üben und kaufen Markenklamotten, um besser dazustehen. Luther hat viel gebetet und gefastet. Andere spenden Geld und tun gute Werke. Das ist alles ganz schön stressig ...
- ***Vor dem Ganzkörper-Luther.*** L befestigt das *Spruchband*. ERWARTUNGSHORIZONT: Die Kinder trösten den gestressten Mönch, indem sie ihm Gottes Liebe zusagen (z. B. mit *Spruchband* Gal 3,28; oder mit älteren: *Gott spricht: „Fürchte dich nicht! Ich kenne dich beim Namen. Ich behüte dich“, Jes 43,1; Jes 66,13; Danke, Gott: Du hörst meine Klage und mein Gebet, Ps 6,10; Jesus spricht: „Ich bin gekommen, um zu finden, was verloren ist“, Lk 19,10; Jesus spricht: „Das geknickte Rohr will ich nicht zerbrechen“, Jesus spricht: „Darum: Sorgt euch nicht dauernd um Nahrung und Kleidung! Ihr seid mit diesen Sorgen nicht allein“, Mt 6,31 f.*
- ***Lied* M4.27** und ***Schlussritual***

Schritt 4: **Eine Brücke zu Gott**

Material & Vorbereitung

Lied *Martin-Luther-Laternenlied* (**M4.22**) Ganzkörper-Luther, *Spruchband Klg 1,20*, Bildfolge **D4.24** und **D4.25** oder das Video **V1** *Mit meinem Gott kann ich über Mauern springen* von Matthias Jungermann vom Figurentheater Radieschenfieber. *Spruchbänder Röm 5,1f. und Gal 3,28*, Buchstaben des Wortes „Gnade" (**D4.26**); Arbeitsblätter **M4.28** bzw. **M4.29**. Lieder *Mit meinem Gott überspringe ich Mauern* (**M4.30**), *Auf Schwingen getragen und frei* (**M1.20**).

Verlauf

- ***Anfangsritual***
- ***Wiederholung.*** Die Kinder versammeln sich vor dem Ganzkörper-Luther. Singen **M4.22**. Erklären mithilfe des *Spruchbandes* (Klg 1,20) Luthers Angst (vor Gott).
- ***Sitzkreis.*** Das *Spruchband* wird mitgenommen. L: „Kennst du das – Angst vor Gott?" ERWARTUNGSHORIZONT: vor dem „Weihnachtsmann" oder „Nikolaus", in der Kirche, nach einem Streich oder einer Unehrlichkeit ... L fängt diese Erfahrungen auf, indem er / sie an den Trost erinnert, den die Kinder im Schritt 3 selbst gefunden haben: Gottes Liebe. L legt die Buchstaben in die Mitte, die Kinder entdecken das Wort „Gnade". Vorschlag *Denk-Mal-Satz: „Für Liebe, die von Angst befreit, kennen Christen das Wort „Gnade".* L: „Christen haben sich immer wieder bildlich vorstellen wollen, was das ist, Gnade, und wie sich das anfühlt. Ich zeige euch mal einen Versuch ..."

Entweder

- Die Kinder sehen das Video von Matthias Jungermann, Radieschenfieber. Anschließend Gruppenarbeit mit Arbeitsblatt **M4.28**.

Und / oder

- Gruppenarbeit an den Tischen. Die Kinder erhalten **D4.24** und **D4.25**. Sie erarbeiten den Comic mit Arbeitsblatt **M4.29**.
- ***Sitzkreis.*** L beginnt: „Gnade ist, wenn ..." Jedes Kind wiederholt den Satzanfang und setzt ein Ergebnis der Gruppenarbeit hinzu. Wiederholungen sind erwünscht. Nach einer ersten Runde erzählen die Kinder vom Verlauf ihrer Gruppenarbeit. ERWARTUNGSHORIZONT zum Film: „Gott war da, wenn das Männchen nicht weiterkam. Gott hat ihm Steine aus dem Weg geräumt. Gott hat ihn aus dem Wasser gezogen. Gott hat ihn gerettet. Die Kreuze erinnern an Karfreitag. Vielleicht hat Jesus Gott geholfen, das Männchen zu retten ..." ERWARTUNGSHORIZONT zum Comic: „Die Schafe kommen nicht von allein zum frischen Gras. Sie brauchen eine Brücke. Der Hirte baut diese Brücke. Der Hirte *ist* diese Brücke. Vielleicht ist das ein Bild dafür, dass Jesus uns Brücken baut zu Gott ..." Wiederholung der Runde „Gnade ist, wenn ..." Vorschlag *Denk-Mal-Satz: „Martin Luther lehrt: Gottes Gnade befreit von Angst."*
- Die beiden ***Lieder*** **M4.30** und **M1.20** werden gesungen. Die Kinder entwickeln dazu Bewegungen / Schritte / einen Tanz.
- ***Schlussritual***

Biblisches Erzählen: Wie Jakob und Esau sich versöhnen

Material & Vorbereitung

Für die Mitte: Bibel, „Brunnen" (–> **BM2**); ein gelbes Tuch und ein „Fluss" (blaues Band oder Tuch), zwei Holzkegel auf dieser und jener Seite des Tuches
Buchstaben der Worte „Gnade" und „Versöhnung" (**D4.26**); Erzähllied *Lasst uns heute zu dem Brunnen gehen* (**M1.28**). Erzählvorlage **M4.31**. ***Frag-Mal***. Moderationskarten in drei Farben und Stifte. *Bibelblatt* „Jakob" (**M4.32**), Grundtext **G4.4**. *Deckblatt* der Einheit für jedes Kind. Schlusslied *Du bist der Ich-bin-da* (**M1.31**).

Verlauf

- Anfangsritual der Bibelerzählstunden mit Lied **M1.28**
- Die Kinder assoziieren spontan zu dem Bodenbild. ERWARTUNGSHORIZONT: zwei Menschen, die zueinander kommen wollen? Die sich feindlich gegenüberstehen? L: „... vielleicht beides ..."
- ***Die Bibel öffnen***. L nimmt die Rolle eines Knechtes Isaaks bzw. Esaus ein. Erzählt möglichst frei mit **M4.31.**
- ***Stille Zeit.*** Die Kinder schreiben auf Moderationskarten: 1) was sie selbst an der Geschichte wundert, 2) was ihnen gefällt, 3) was sie sich fragen. Die Karten werden in der Mitte abgelegt.
- ***Gespräch.*** Die Karten 1 und 2 werden reihum gelesen und zur Kenntnis genommen (ggfs. Verständnisfragen).
- ***Fragerunde und Theologisieren***. Das ***Frag-Mal*** geht von Hand zu Hand. Kinder nennen ihre Fragen von den Karten 3). Eine der Fragen wird aufgegriffen und im *Theologischen Gespräch* thematisiert, z. B.: Es wäre Esaus gutes Recht gewesen, gegen Jakob zu kämpfen – warum tut er es nicht? Zusätzliche Impulse: die Buchstaben des Wortes „Gnade" und zusätzlich: das Wort „Versöhnung".
- Die Kinder bekommen je ein Bibelblatt „Jakob", den Grundtext **G4.4** und das *Deckblatt* der Einheit.
- ***Schlussritual*** der Bibelerzählstunden mit Lied **M1.31.**

Einheit 5

Wir tragen ein Licht

Schritt 1: Von Nomaden, Händlern und Sterndeutern

Für diese Einheit benötigen Sie
D5.1, D5.2–D5.5, M5.6, M5.7, M5.8–M5.11, D5.12–D5.14, M5.15–M5.17, M5.18, D5.19–D5.21, M5.22, M5.23, M5.24–M5.28; M5.29, D5.30, M5.31, M5.2, G4.5
M1.28
BM2, BM3, Islam 11 und 14 BM5, *Dialog 12* und 13 BM6, Deckblatt 5, Spruchband Mt 25,40

Material & Vorbereitung

Karte vom Land der Bibel **D5.1** (an der Wand); Bilder **D5.2–D5.5** (Wüste, Stadt, Beduinenlager, Karawanserei) an vier Stationen (Ecken) im Raum; für die Mitte: gelbes Tuch, wenig Blau, wenig Grün, eine Tierfigur „Kamel", evtl. ein (Beduinen-)Zelt
Fantasiereise **M5.6**, Pappbecher, Krug mit Wasser, Lied **M5.7** *Ein Brunnen in der Wüste*, Info-Blätter **M5.8–M5.11**, ***Sag-Mal.***

Verlauf

- ***Anfangsritual***
- ***Sitzkreis.*** L nimmt die Kinder mit auf die Reise in den Orient (**M5.6**). Anschließend bekommt jedes Kind einen Becher Wasser. Austausch über Bilder und Gedanken, die die Traumreise hervorgerufen hat.
- Lied **M5.7** einüben und singen. Im Gehen singen; L führt die „Karawane" an und führt sie von Station zu Station. Nach dem Lied kehren die Kinder zu einer Station ihrer Wahl zurück.
- ***An den Stationen.*** Spontanes Gespräch über Assoziationen, Vorwissen, Fragen.
- ***Landkarte.*** L informiert über die Länder und Kulturen des Alten Orients (Mesopotamien, Ägypten, Kanaan).
- ***Gruppenarbeit.*** Die Gruppen erhalten **M5.8–M5.11** (je nach Gruppe / Station). Sie entwickeln je eine Erzählung für einen oder zwei Erzähler.
- ***Erzählzeit. Sag-Mal.*** Die Kinder versammeln sich im Sitzkreis; die Erzählungen werden vorgetragen und angehört. Applaus, keine Kommentare. Zwischen den einzelnen Erzählungen wird das Lied **M5.7** gesungen.
- L sammelt die Manuskripte ein. Ansage: Jedes Kind wird eine Komplettausgabe erhalten.
- ***Einzelarbeit*** (oder Hausaufgabe). Jedes Kind gestaltet ein *Deckblatt* für das Geschichtenheft.
- ***Schlussritual***

Schritt 2: **Gottsucher im Heiligen Land**

Material & Vorbereitung

Karte von Israel (**D5.1**), ggfs. zusätzlich: Wandkarte vom Alten Orient, Buchstaben „Heiliges Land“, Bilder **D5.2–D5.5**, Lied *Ein Brunnen in der Wüste* (**M5.7**), Bildkarten WR (–> **BM1**), Screenshots **D5.12–D5.14** (aus *Schnitzeljagd im Heiligen Land*; alternativ können Filmausschnitte gezeigt werden –> Matthias Film, DVD educativ). Info-Blätter **M5.15–M5.17**, ***Sag-Mal***. Lied *Hevenu shalom alechem* (**M5.18**).
Ein interreligiöser „Streit“ –> **BM6** *Dialog 12*

Verlauf

- ***Anfangsritual***
- ***Sitzkreis.*** L verteilt die Geschichtenhefte. Wiederholung mit Impuls: Wohin sind wir gereist? / Was hat NN erzählt? Lied **M5.7**
- L legt die Karte von Israel vor. Die Kinder erkennen sie wieder. Einordnung in den Orient. Die vielen Namen: Kanaan, Palästina, Israel. Und noch ein weiterer: Die Kinder legen aus den Buchstaben den Begriff „Heiliges Land“. Vielleicht erinnern sie sich an die Rede vom „Land der Verheißung“ aus den Mose-Geschichten, an Jerusalem und Bethlehem als biblische Orte.
- ***Lehrervortrag.*** L erzählt, dass im Lauf der Zeit im Alten Orient mehrere Kulte und Religionen entstanden sind, davon drei, die einen Einzigen Gott verehren: Judentum, Christentum, Islam. Die drei Bildkarten gehen von Hand zu Hand und werden gedeutet.
- ***Unterrichtsgespräch.*** Heute im Heiligen Land. Die Screenshots werden gezeigt. Die Kinder tragen ihr Vorwissen zusammen: Moschee, Minarett, Koran, Prophet Mohammed; Synagoge, Tora, Davidsstern; Kirche, Kreuz, Jesus Christus. Wenn Muslime mit im Unterricht sind, entsteht hier ein interreligiöses Gespräch, z. B. mithilfe der vorhandenen Basismaterialien „Frag mal ... nach dem *Islam*“ (–> **BM5**) sowie dem neuen Arbeitsblatt (Sprich mit mir –> **BM6** *Dialog 12*)
- ***Alternativ / Ergänzend:*** Je drei Kinder erhalten einen Satz Info-Blätter (**M5.15–M5.17**). Jedes Kind erarbeitet für sich die Inhalte seines Info-Blatts. Es schlüpft in die Rolle seiner Gewährsperson und erzählt den anderen von „seiner“ Religion. Die drei kommen ins Gespräch und vergleichen ihre religiösen Bräuche und Überzeugungen.

> Hier besteht die Möglichkeit, Projekt E zu starten: Verabredung weiterer interreligiöser Gespräche bzw. von Besuchen in Moschee und Synagoge.

- ***Lied* M5.18**
- ***Schlussritual***

Schritt 3: **Die Tränen des Kamels**

Material & Vorbereitung

Spielzeug-Kamel, Holzkegel, das Bilderbuch *Die Tränen des Kamels* von Griffin Ondaatje und Linda Wolfgruber. Alternativ: Bilder **D5.19–D5.21**, Inhaltsangabe des Buches (**M5.22**). ***Sag-Mal. Frag-Mal.*** Arbeitsblatt **M5.23**

–> **BM5** ***Islam 11*** „Mohammed"; alternativ / ergänzend **BM6** *Dialog 13*

Verlauf

- ***Anfangsritual***
- ***Erzählzeit.*** L liest oder erzählt von dem Kamel und seinem hartherzigen Herrn – Teil 1; und zeigt dazu das erste Bild: Das weinende Kamel.
- ***Gespräch.*** Das Spielzeugkamel geht von Hand zu Hand. Die Kinder schlüpfen in die Haut des Kamels und erzählen von seinen Gedanken und Gefühlen.
- ***Erzählzeit.*** L liest oder erzählt von der Nacht, als die Tränen des Kamels zu Halim wanderten. Dazu das zweite und das dritte Bild (**D5.20** und **D5.21**)
- ***Gespräch.*** Der Holzkegel geht von Hand zu Hand. Die Kinder schlüpfen in die Haut Halims und erzählen, was er träumt, denkt, spürt.
- ***Erzählzeit. Sag-Mal.*** Die Kinder erzählen, wie die Geschichte weitergeht.
- ***Frage-Zeit. Frag-Mal.*** L führt die Kinder zu der Frage, woher Halims Traum / Halims Gesinnungswandel gekommen ist. Erzählt von der Stelle im Buch, die sie / er bisher ausgelassen hat: Im Buch heißt es: Der Prophet Mohammed hat die Tränen des Kamel gesehen und er hat etwas unternommen ...
- Wenn Muslime in der Klasse sind, erhalten sie das ***Sag-Mal*** und erzählen von ihrem Propheten Mohammed. (ergänzend: **BM5-*Islam 11***)
- Alternativ / ergänzend: Verständigung mit Nicht-Religiösen über religiöse und nichtreligiöse Motive guten Handelns (mit –> **BM6**-*Dialog 13*)
- ***Partnerarbeit*** mit Arbeitsblatt **M5.23** (Brücken bauen!)
- ***Schlussritual***

Schritt 4: Der alte Martin bekommt Besuch

Material & Vorbereitung

Alternativ zum folgenden Entwurf kann mit den Kindern der Animationsfilm *Ein ungewöhnlicher Gast – Weihnachtsfilm 2011* von Björn Steffens angeschaut werden (leicht zu finden auf seinem YouTube-Kanal, direkter Link: https://www.youtube.com/watch?v=yKLDCdS_eCs); die inhaltliche Vertiefung schließt sich an wie im Folgenden vorgeschlagen.
Die Weihnachtsgeschichte nach Leo Tolstoi (**M5.24**), Erzählvorschlag „Rahmen" (**M5.25**) Szenenskripte (**M5.26–M5.28**). ***Sag-Mal.*** *Spruchband Mt 25,40.* Auge, Ohr, Herz, Mund, Hand (–> **BM2**); Lied **M5.29** *Tragt in die Welt nun ein Licht*
Eine „Bühne" wird hergerichtet: Tisch mit Adventsschmuck und -gebäck, Stuhl, zweiter Stuhl; für Martin ein wiedererkennbares Requisit, z. B. Strickjacke / Bart / Brille.

Verlauf

- ***Anfangsritual***
- ***Erzählzeit.*** L erzählt vom alten Martin und seiner Freundlichkeit (mit **M5.25**)
- ***Partnerarbeit (Kleingruppen).*** Jede Gruppe erhält ein Szenenskript und die Aufgabe, die Szene dramatisch umzusetzen.
- ***Präsentationen.*** Die Vorführungen finden szenenweise auf der „Bühne" statt. Die einheitliche Erscheinung der verschiedenen „Martins" wird durch das wiedererkennbare Requisit gewährleistet. Die anderen Darsteller zeigen ihre Eigenart pantomimisch.
- ***Zwischen den Szenen*** Was an dieser Szene könnte man vielleicht „weihnachtlich" nennen?
- Lied **M5.29**
- ***Sitzkreis.*** L erzählt – mithilfe der Kinder und **M5.24/M5.25** die Geschichte zu Ende. ***Frag-Mal.*** ERWARTUNGSHORIZONT: Die Kinder versuchen sich an dem Rätsel: Wo ist Jesus in der Geschichte? – Zusätzlicher Impuls durch das *Spruchband*. Vorschlag *Denk-Mal-Satz: „Christen glauben: Wer Menschen in Not hilft, der begegnet Jesus."*
- ***Zusatzaufgabe*** (evtl. Hausaufgabe): Versuche eine Brücke zu bauen – zwischen den Geschichten vom Kamel und von Martin; baue die Brücke weiter bis hin zu Geschichten von heute, aus deiner eigenen Welt. (Evtl. kommt eines der Kinder auf das Brückenbau-Projekt der Klasse zu sprechen!?)
- ***Lied*** **M5.29**
- ***Schlussritual***

> Hierher gehört der „Weihnachtsteil" des Projektes F, „Feste": Die Frage nach dem Kern des christlichen Weihnachtsfestes kann in den Unterricht eingebracht werden, etwa in Gestalt eines Plakates.

Biblisches Erzählen: Abraham und Sara hören Gottes Stimme

Material & Vorbereitung

Für die Mitte: Bibel, „Brunnen" (–> **BM2**); ein grünes Tuch und zwei „Flüsse" (blaue Bänder oder Tücher), zwei Bibelfiguren (Mann und Frau); sonst Mann und Frau aus **D5.30** ausschneiden und auf Pappe kleben.

Erzähllied *Lasst uns heute zu dem Brunnen gehen* (**M1.28**). Lied *Tragt in die Welt nun ein Licht* (**M5.29**). Erzählvorlage **M5.31**. ***Frag-Mal***. Moderationskarten in drei Farben und Stifte. *Bibelblatt* „Abraham" (**M5.32**), Grundtext **G4.5**. *Deckblatt* der Einheit für jedes Kind. Schlusslied *Du bist der Ich-bin-da* (**M1.31**)

Zu „Abraham" im *Islam* –> **BM5** *Islam* 14

Verlauf

- Anfangsritual der Bibelerzählstunden mit Lied **M1.28.**
- Die Kinder erinnern sich von der Karte her an das Zweistromland: fruchtbar, reich, feste Städte, gutes, sicheres Wohnen. L: „Von da aus sind einst Abraham und Sara aufgebrochen; und mit diesem Aufbruch beginnt für Juden, Christen und Muslime die Geschichte ihrer Religion.
- ***Die Bibel öffnen***. L nimmt die Rolle eines Knechtes von Abraham ein. Erzählt möglichst frei mit **M5.31.**
- ***Stille Zeit.*** Die Kinder schreiben auf Moderationskarten: 1) was sie selbst an der Geschichte wundert, 2) was ihnen gefällt, 3) was sie sich fragen. Die Karten werden in der Mitte abgelegt.
- ***Gespräch.*** Die Karten 1 und 2 werden reihum gelesen und zur Kenntnis genommen (ggfs. Verständnisfragen).
- ***Fragerunde und Theologisieren***. Das ***Frag-Mal*** geht von Hand zu Hand. Kinder nennen ihre Fragen von den Karten 3). Eine der Fragen wird aufgegriffen und im *Theologischen Gespräch* thematisiert, z. B.: Was hat Abraham gehört? Wie spricht Gott? Hat Gott bzw. Was hat Gott für eine Stimme? Kann man sich täuschen über Gottes Stimme?
- Die Kinder bekommen je ein Bibelblatt, den Grundtext und das *Deckblatt* der Einheit.
- ***Schlussritual*** der Bibelerzählstunden mit Lied **M1.31.**

Einheit 6
Wir tragen gemeinsam

In Frieden

auseinander gehen

Für diese Einheit benötigen Sie
M6.1, M6.2, D6.3–D6.5, M6.6, M6.7, D6.8–D6.11, M6.12, M6.13, M6.14, G4.6
D1.17, M1.28, D3.17, M5.32
BM2, BM3, *Dialog 11* und 14 BM6, Deckblatt 6, Spruchband Offb 21,4 f.

Schritt 1: **Ham geht nicht allein**

Material & Vorbereitung

Mit den Kindern wird verabredet, dass sie bis Portion 8 im „wilden Määäh" gelesen haben sollen und dass sie vorbereitend ihr Lesetagebuch prüfen: Wann bekam Ham von wem Hilfe?

Für die Mitte: Bild „Wildes Määäh" (**D1.17**) und ***Sag-Mal***. Lied *Wir sind alle ein Leib* (**M6.1**)

Arbeitsblatt **M6.2**

Verlauf

- ***Anfangsritual***
- ***Sitzkreis.*** „Ham macht sich auf die Suche ..." Die Kinder erzählen von Ham und seinen Abenteuern, zuerst spontan, dann vorstrukturiert: L formuliert einen ersten Satz; die Kinder fügen der Reihe nach je einen eigenen Satz hinzu oder sagen „weiter".
- ***Einzelarbeit.*** Jedes Kind formuliert Sätze nach dem Muster: „Wenn NN nicht dagewesen wäre, dann ..." (mit **M6.2a**) – zuerst auf Ham bezogen, dann auf eigenes Erleben (**M6.2b**).
- Die Kinder lesen Beispiele aus **M6.2b** vor, L protokolliert Stichwörter an der Tafel. Gemeinsame Würdigung und Deutung des Ergebnisses.
- ***Lied*** **M6.1**
- ***Gruppenarbeit***. Die Kinder setzen sich zu viert zusammen und vergleichen ihre Erlebnisse. Sie entscheiden sich für eines und bereiten sich darauf vor, es vorzuspielen.
- ***Lied*** **M6.1**
- ***Präsentationen***
- ***Schlussritual***

Schritt 2: **Papa bleibt Papa**

Material & Vorbereitung

Das Bilderbuchkino *Wann gehen die wieder?* von Matthias Film oder das gleichnamige Bilderbuch von Ute Krause; alternativ die Bilder **D6.3–D6.5**, groß projiziert, ***Sag-Mal***. Evtl. Regeln der Bildbetrachtung (**BM2**). Arbeitsblätter **M6.6** und **M6.7.** Lied *Wir sind alle ein Leib* (**M6.1**)

Im Zusammenhang mit der „Scheidungs-/Patchwork“-Thematik empfiehlt sich – im Rückgriff auf Einheit 4 – ein Treffen zwischen den Kindern des ev. und des kath. RU: Nach der Trennung der Kirchen ist auch hier längst Annäherung entstanden auf neuen Wegen und zu gemeinsamen Zielen. ***(–> BM6** Dialog 14)*

Verlauf

- ***Anfangsritual***
- Bilder **D6.3** und **D6.4** werden präsentiert ohne Text. L kann kommentieren: „Das ist das Lieblingsbilderbuch meines Sohnes / Enkels. Wer kann mir sagen, was man darauf sieht? / was da geschieht?“ (–> Regeln der Bildbetrachtung; evtl. wiederholen). Die Kinder beschreiben die Bilder und dann die Veränderung. ERWARTUNGSHORIZONT: Die Kinder spielen, Mama und Papa vertragen sich ⇔ Die Kinder stehen still; Mama und Papa streiten. L liest oder schreibt an: „Früher waren sie eine ganz normale Familie“; „Irgendwann stritten Mama und Papa immer öfter“. L zeigt das dritte Bild.
- ***Einzelarbeit.*** Die Kinder erzählen die Geschichte – aus der Sicht der Mutter oder des Vaters (mit **M6.6**).
- ***Erzählzeit.*** Mit ***Sag-Mal***.
- ***Gruppenarbeit***. Die Kinder begeben sich in die Rollen der Räuberkinder. Sie gestalten selbst Bilderbuchseiten zu den Schlüsselsätzen in **M6.7** – arbeitsteilig in Vierergruppen. Der Austausch in der Gruppe ist erwünscht.
- ***Ausstellung.*** Die Bilder werden auf einer langen Theke oder an der Wand präsentiert. Lied **M6.1**.
- ***Schlussritual***

Schritt 3: **Papa spinnt**

Material & Vorbereitung

Das Bilderbuchkino *Wann gehen die wieder?* von Matthias Film oder das gleichnamige Bilderbuch von Ute Krause; alternativ Bild **D6.8**.
Ausstellung der Bilder der Kinder. Leere Sprech- und Denkblasen (**D3.17**), Bilder zum Fertig-Gestalten **D6.9** und **D6.10**.

Verlauf

- ***Anfangsritual***
- ***Bilder-Betrachtung.*** Die Kinder erinnern sich an die Geschichte und an die Räuberkinder.
- ***Fortsetzung.*** L liest *nur* den Text – von „Eines Tages aber“ bis „Die bleiben“ – bzw. erzählt: „Dann änderte sich etwas: Zu Papa zog eine Prinzessin mit vielen Prinzessinnenkindern. Die trugen rosa Kleider und Schleifen und spielten ganz andere Spiele als wir ... Wir haben Papa gefragt: ‚Wann gehen die wieder?‘ Aber Papa hat gesagt, die gehören jetzt zur Familie ...“
- ***Gruppenarbeit.*** Pro Tischgruppe eine Kopie des Bildes **D6.8.** Die Kinder beschriften Sprech- und Denkblasen – für die Prinzessinnen, für die Räuberkinder.
- ***Sitzkreis.*** Im Sitzkreis liegt ein Farbausdruck von **D6.8**. Die Kinder legen ihre Denk-/Sprechblasen darum herum. Gemeinsam werden die Ergebnisse gelesen – einmal schlicht, dann mit Betonung.
- L liest den Text von „Es soll so sein wie früher“ bis „wieder wie früher sein“ bzw. erzählt: „Uns hat das auf die Dauer nicht gefallen. Wir wollten Papa wieder für uns allein. Wir wollten, dass alles ist wie früher. Wir dachten uns einen Plan aus, um die Prinzessinnen zu vertreiben. Die Sache mit den Mäusen war ziemlich gut ... Ihr wisst schon: nachts, heimlich, in die Betten der Prinzessinnen ... O Mann, wie haben die geschrien! Und dann sind sie über alle Berge – und ihre Mama gleich hinterher! Jetzt, dachten wir, jetzt sind wir sie los. Jetzt wird alles wieder gut ...“
- ***Gruppenarbeit***. Pro Tischgruppe entweder **D6.9** oder **D6.10**. Die Kinder gestalten Mäuse, schneiden sie aus und kleben sie auf; oder: sie gestalten fliehende Prinzessinnen, schneiden sie aus und kleben sie auf.
- ***Ausstellung***
- ***Schlussritual***

Schritt 4: **Wir bringen die Sache in Ordnung**

Material & Vorbereitung

Das Bilderbuchkino *Wann gehen die wieder?* von Matthias Film oder das gleichnamige Bilderbuch von Ute Krause; alternativ Bild **D6.11.**
Die Bilder der Kinder; Arbeitsblatt **M6.12**, viele Denk- und Sprechblasen (**D3.17**), ***Sag-Mal***, ***Frag-Mal***, Frag-Mal-Karten und Sag-Mal-Karten (–> **BM3**), Lied *Vertraut den neuen Wegen* (**M6.13**); *Spruchband Offb 21,4 f.*
Zu dieser Einheit gibt es einen Dialog-Entwurf „evangelisch – katholisch" (–> **BM6** Dialog 11).

Verlauf

- ***Anfangsritual***
- ***Bilder-Betrachtung.*** Die Kinder erinnern sich an die Geschichte und an die Räuberkinder. Zum Schluss werden die Bilder der fliehenden Prinzessinnen betrachtet.
- ***Gruppenarbeit.*** Die Gruppen erhalten **M6.12** und viele Denk- und Sprechblasen. Sie schreiben alles auf, was sie sich an Reaktionen von den Kindern und Erwachsenen vorstellen können. Austausch ist erwünscht. ERWARTUNGSHORIZONT: Dass nicht „alles wieder gut" oder „wie früher" ist, ahnen die Kinder. Ist Papa böse oder traurig?
- ***Sitzkreis.*** Mit ***Sag-Mal***. Die Kinder legen ihre Denk- und Sprechblasen in die Mitte des Kreises. Sie erzählen ausführlich, was sie sich gedacht und was sie gemeinsam besprochen haben.
- ***Fortsetzung.*** L zeigt das neue Bild **D6.11**. Die Kinder erzählen – mithilfe von L, wie die Geschichte ausgeht: Die Räuberkinder begreifen, dass sie „über die Brücke" gehen, sich auf ein neues Leben einlassen müssen, in dem sie Papa nicht mehr für sich allein haben. Sie holen die Prinzessinnen zurück. (L erzählt von dem Sumpf, in dem die Prinzessinnenkinder stecken geblieben sind und aus dem sie sie ziehen.) Wenn die Kinder nach der Räubermama fragen, zeigt L das Schlussbild mit den Drachen ... oder erzählt, dass Papa und die Prinzessin und Mama ihre Häuser irgendwann nah beieinander bauten und manchmal große Feste gemeineinsam gefeiert wurden.
- ***Philosophieren mit Kindern. Frag-Mal*** und Frag-Mal-/Sag-Mal-Karten. Die Kinder notieren zu der Geschichte: Kommentare (Sag-Mal-Karten) und Fragen (Frag-Mal-Karten).
- Zunächst ist Zeit für die Kommentare. Die werden gehört und angenommen – ohne Diskussion. Auch die Fragen werden alle vorgelesen und gewürdigt, eine oder zwei werden zur Diskussion gestellt, etwa danach, warum so etwas geschehen muss: dass Partner sich trennen, dass die, die wir lieben, sich verändern und neue Beziehungen eingehen. ERWARTUNGSHORIZONT: Die Kinder erkennen, dass Veränderungen dazugehören im Leben, dass man nicht alles planen kann, dass man „das Beste draus machen muss". Was könnte eine Regel sein? Darauf achten, dass Beziehungen sich zwar ändern, aber nicht zerbrechen. Dass die Gefühle des Anderen geachtet und geschont werden. Zusätzlicher Impuls: *Spruchband Offb 21,4 f.* Vorschlag *Denk-Mal-Satz: Menschen und Beziehungen verändern sich; besser als Trotz ist der Mut zum Mitgestalten.*
- ***Lied*** M6.13
- ***Schlussritual***

Biblisches Erzählen: Abraham weiß einen Weg

Material & Vorbereitung

Für die Mitte: Bibel, „Brunnen" (–> **BM2**); grünes Tuch mit Fluss mitten hindurch; links vom Fluss wird das Grün durch ein gelbes Chiffontuch gedämpft. Zwei männliche Bibelfiguren oder gleich große Kegel.
Die Kinder werden gebeten, ihr Bibelbuch mitzubringen (oder das *Bibelblatt* „Abraham"). Erzähllied *Lasst uns heute zu dem Brunnen gehen* (**M1.28**). Lied Vertraut den neuen Wegen (**M6.13**). Erzählvorlage **M6.14**. ***Frag-Mal***. Moderationskarten in drei Farben und Stifte. *Bibelblatt* „Abraham" (**M5.32**), Grundtext **G4.6**. *Deckblatt* der Einheit für jedes Kind. Schlusslied *Du bist der Ich-bin-da* (**M1.31**)

Verlauf

- ***Anfangsritual*** der Bibelerzählstunden mit Lied; **M1.28**.
- Die Kinder schlagen im Bibelbuch das Bibelblatt „Abraham" auf. Sie erinnern sich an die Geschichte vom Aufbruch der beiden Alten, Abraham und Sara, in ein Land, das „Gott ihnen zeigen" will. L erzählt: Sie sind angekommen. Es geht ihnen gut. Ihre Herden haben sich vergrößert. Mit ihnen ist auch Abrahams Neffe gegangen, Lot. Der ist inzwischen erwachsen und auch er hat große Herden ...
- ***Lied*** **M6.13**
- ***Die Bibel öffnen***. L nimmt die Rolle eines Hirten des Neffen Lot ein. Erzählt möglichst frei mit **M6.14**.
- ***Stille Zeit.*** Die Kinder schreiben auf Moderationskarten: 1) was sie selbst an der Geschichte wundert, 2) was ihnen gefällt, 3) was sie sich fragen. Die Karten werden in der Mitte abgelegt.
- ***Gespräch.*** Die Karten 1 und 2 werden reihum gelesen und zur Kenntnis genommen (ggfs. Verständnisfragen).
- ***Fragerunde und Theologisieren***. Das ***Frag-Mal*** geht von Hand zu Hand. Kinder nennen ihre Fragen von den Karten 3). Eine der Fragen wird aufgegriffen und im *Theologischen Gespräch* thematisiert, z. B.: Hat Abraham sich „über den Tisch ziehen lassen"? Was hat Abrahams Verhalten mit Gott zu tun?
- Die Kinder bekommen je ein neues Bibelblatt, den Grundtext und das *Deckblatt* der Einheit.
- ***Schlussritual*** der Bibelerzählstunden mit Lied **M1.31.**

Einheit 7

Wir stehen am Abgrund

Für diese Einheit benötigen Sie
D7.1, D7.2, M7.3, M7.4, M7.5, M7.6, M7.7, D7,8, M7.9, M7.10, M7.11, M7.12, D7.13, M7.14, M7.15, D7.16, M7.17, M7.18, G4.7
D1.17, M1.28, D3.17, M5.32, Spruchbänder Einheit 4, Spruchbänder RmK3 Einheit 6 und 7
BM2, BM3, Islam 14 BM5, *Dialog 15* BM6

Schritt 1: **„Du bist mein Sohn!"**

Material & Vorbereitung

Mit den Kindern ist besprochen, dass sie aus der Lektüre „Das wilde Määäh" besonders die Portionen 1–3 rekapitulieren.
Bild **D1.17**. Wortkarten **D7.1** und Bildkarten **D7.2**; kopiert und auseinandergeschnitten. Rote und blaue Wollfäden, Bindfäden. ***Frag-Mal***. Arbeitsblätter „Flöckchen" (**M7.3** und **M7.4**) und „Rhea" (**M7.5** und **M7.6**). ***Sag-Mal***. *Spruchband Mk 1,11*; ***Sag-Mal.*** Zusätzliche *Spruchbänder* aus Einheit 4: *Röm 5,1 und 1 Joh 4,9*, Lied *Er hält die ganze Welt in seiner Hand* (**M7.7**)

Verlauf

- ***Anfangsritual***
- ***Sitzkreis.*** Das Bild von Ham stimmt darauf ein, dass die Lektüre erneut Thema der Stunde sein wird. Die Kinder ziehen aus dem Stapel Wort- und Bildkarten je eine. Die Kinder mit den Bildkarten beginnen: Jedes nennt den Namen seines Tieres und legt es zu Hams Bild – ferner oder näher, je nach der Qualität der Beziehung. Die Wortkarten folgen.
- Die Kinder verbinden Tiere, die eng miteinander verbunden sind, mit roten Fäden; eher kühle Beziehungen erhalten blaue Bänder. Bindfäden verbinden Jäger und Beute.
- Das Bild wird betrachtet und fotografiert (!). ***Frag-Mal.*** ERWARTUNGSHORIZONT: Die Kinder staunen über die engen Beziehungen zwischen den Fressfeinden „Ham" und „Wölfe" / „Ham" und „Flöckchen": Wie können solche Gräben überwunden werden?
- Die Kinder wählen, ob sie sich lieber mit Rhea und Flöckchen oder mit Rhea und Ham beschäftigen möchten; sie erhalten die entsprechenden Arbeitsmaterialien.
- ***Think-Pair-Share***. Zunächst arbeitet jedes Kind allein (Phase 1). Danach trifft es sich mit zwei oder drei anderen, die dasselbe Thema bearbeitet haben, zum Austausch (Phase 2). Am Ende soll ein gemeinsamer Denk-Mal-Satz stehen (Phase 3).
- ***Sitzkreis. Sag-Mal***. Die Kinder stellen ihre Ergebnisse vor. L erinnert an die Frage: „Wie wird der Graben zwischen den Fressfeinden überwunden?" Die Kinder versuchen, aufgrund ihrer Ergebnisse eine Antwort zu finden. ERWARTUNGSHORIZONT: Rhea liebt Ham; sie fragt nicht, was er ist. / Rhea liebt Ham; sie achtet seine Freunde, ohne zu fragen, was sie sind.
- ***Theologisches Gespräch***. L legt das *Spruchband: Mk 1,11* und legt es quer über das Beziehungsgeflecht. ***Sag-Mal***. ERWARTUNGSHORIZONT: Die Kinder erinnern sich an Jesu Taufe. Gott spricht zu Jesus: „Du bist mein Kind". Sie erinnern sich an die eigene Taufe: Gott spricht zu jedem Menschen „Du bist mein Kind." Zusätzliche *Spruchbänder* aus Einheit 4: *Röm 5,1 und 1 Joh 4,9*. (*Hinweis:* Es geht nicht um einfache Analogien: Rhea = Gott; Ham = Jesus; Flöckchen = Mensch; sondern um ein Gespür für die Thematik: Wie Liebe Gräben überwinden und Brücken bauen kann.)
- ***Lied M7.7*** *l*ernen und singen
- ***Schlussritual***

Schritt 2: **„Dann bin ich Beute!?“**

Material & Vorbereitung

Mit den Kindern ist besprochen, dass sie aus der Lektüre „Das wilde Määäh“ besonders die Portionen 3 und 4 rekapitulieren.
Bild **D1.17**. Bildkarten „Feder“ und „Rhea“ (vergrößert aus **D7.2**). ***Frag-Mal***. Sprechblase mit dem Spruch des Kuckucks (**D7.8**); Arbeitsblätter „Ham“ (**M7.9**) und „Feder“ (**M7.10**). *Spruchband Mk 14,31*; *Spruchbänder* aus ***Religion mit Kindern 3,*** Einheiten 6 und 7: *Mt 20,28 und Lk 18,31*; ***Sag-Mal***. Lied *Er hält die ganze Welt in seiner Hand* (**M7.7*)***.
–> **BM6** *Dialog 15*

Verlauf

- ***Anfangsritual***
- ***Sitzkreis***. Bilder von Ham, Rhea und Feder liegen in der Mitte. Die Kinder erzählen von Hams Unfall im Eis (Wiederholung). L legt den Spruch des Kuckucks dazu. Die Kinder lesen im Chor – ergänzen sie das letzte Wort? Inszenierung der Reaktion der Wölfe: Eine Hälfte der Kinder liest den Vers und wird VOR dem letzten Wort von der anderen Hälfte der Gruppe energisch gestört („Schnabel“!).
- ***Frag-Mal.*** Es stellt sich die Frage, warum die Wölfe das letzte Wort des Kuckucks so entschieden *nicht* hören wollen. Es wäre ja die Wahrheit ...
- Die Kinder wählen, ob sie sich mit „Ham“ oder mit „Feder“ näher beschäftigen wollen. Sie erhalten die entsprechenden Arbeitsmaterialien.
- ***Think-Pair-Share***. Zunächst arbeitet jedes Kind allein (Phase 1). Danach trifft es sich mit zwei oder drei anderen, die dasselbe Thema bearbeitet haben, zum Austausch (Phase 2). Am Ende soll ein gemeinsamer Denk-Mal-Satz stehen (Phase 3).
- ***Sitzkreis. Sag-Mal***. Die Kinder stellen ihre Ergebnisse vor. L erinnert an die Frage: „Was ist so schlimm an der Wahrheit des Kuckucks?“ Die Kinder versuchen, aufgrund ihrer Ergebnisse eine Antwort zu finden. ERWARTUNGSHORIZONT: Die Wahrheit muss Ham wehtun; die Wölfe wollen ihn schonen.
- ***Theologisches Gespräch***. L legt das *Spruchband Mk 14,31*. ***Sag-Mal***. ERWARTUNGSHORIZONT: Die Kinder erinnern sich an Jesu Leidensankündigungen vor der Kreuzigung. Haben nicht auch die Menschen um Jesus das nicht hören wollen / nicht verstanden? Zusätzlicher Impuls: *Spruchbänder* der Passionszeit des vergangenen (Schul-)Jahres. Ist Jesus „Beute“? Wenn, dann freiwillig ...

> *Hinweis*: Hier bietet sich die Einbeziehung der Getsemane-Geschichte an (Mk 14,32–52; Mt 26,36–56; Lk 22,39–53); dazu bedarf es jedoch eines Wechsels in Ort und Zeit; vielleicht als Passionsandacht mit freiwilliger Teilnahme; ausdrücklich religionenübergreifend (einen Vorschlag finden Sie in **BM6** *Dialog 15*).

- ***Lied* M7.7** singen
- ***Schlussritual***

Schritt 3: „Der Weg führt durch meine Hütte“

Material & Vorbereitung

Mit den Kindern ist besprochen, dass sie aus dem „wilden Määäh“ besonders die Portionen 6 und 9 rekapitulieren. Wer will, bringt einen Auszug / Ausdruck aus dem Lesetagebuch mit. Hörbuch, wenn vorhanden, mit den Tracks zu den Portionen 6 und 9. Moderations- oder Sag-Mal-Karten
Bild **D1.17**. Bildkarten „Quentin“ und „Pastor“ (vergrößert aus **D7.2**). Sprechblase (**D3.17**), beschriftet mit Quentins Angebot: „I-i-ich k-k-komm m-m-mit“. Arbeitsblatt **M7.11**. Buchstaben des Wortes „Opfer“ (**D7.13**). *Spruchbänder Mk 14,31 und Mk 1,11* aus Schritt 2. Lied In der Mitte der Nacht ***(M7.12)***

Verlauf

- ***Anfangsritual***
- ***Kinositz.*** An Tafel oder Moderationswand haften Bilder von Ham, Quentin und Pastor. L liest: die *Begegnung mit Quentin*, dem Jungbullen. Die Kinder notieren auf Moderations- oder Sag-Mal-Karten wichtige Sätze / Worte Quentins, möglichst im Wortlaut. Die Sätze werden gelesen und um Quentin herum an die Wand gepinnt.
- L liest: die *Begegnung mit Pastor* – bis zu Quentins Angebot, S. 139. Die Kinder notieren auf Karten wichtige Sätze / Worte Pastors, möglichst im Wortlaut. Die Sätze werden gelesen und um Pastor herum an die Wand gepinnt.
- L heftet die Sprechblase zwischen Quentin und Pastor. Erprobung „zitterndes Sprechen“. Was drückt diese Schreib-/Sprechweise aus?
- ***Partnerarbeit*** „Skulptur“. Je ein Kind ist der Künstler, das andere das Material. Gebaut werden soll eine Skulptur, die ausdrückt, wie Quentin sich bei seinem Angebot „Ich komme mit“ fühlt. (Hinweis: Es geht nicht unbedingt darum, einen Stier darzustellen, sondern die Mühe der Überwindung, die es kostet, genau das zu tun, was man am meisten fürchtet.)
- ***Gruppenarbeit.*** Die Paare zeigen sich gegenseitig, was sie gebaut haben. Die Künstler erklären ihre Absichten, die „Skulpturen“ ihre Haltung. Gemeinsam erarbeiten die Gruppen Arbeitsblatt **M7.11**.
- ***Sitzkreis***. Gegenseitige Vorstellung der Ergebnisse. ERWARTUNGSHORIZONT: Das Schlimmste für Quentin ist es, sich wieder hinter den Zaun zu begeben. Aus Treue zu Ham ist er bereit, es dennoch zu tun. Die Kinder entdecken das Wort „Opfer“. *Theologisches Gespräch* zum Thema „Opfer“ in der Religion.
- *Spruchband Mk 14,31* als weiterer Impuls. L und Kinder stellen Verbindungen her: zur „Verleugnung“ des Petrus, vielleicht auch zu Jesu Entschluss den Weg des Leidens zu Ende zu gehen. L legt das *Spruchband Mk 1,11* aus Schritt 2 hinzu. ERWARTUNGSHORIZONT: Die Kinder entdecken den Widerspruch: Menschen können untreu werden aus lauter Angst. Jesus nicht. Jesus glaubte: Gott ist immer treu. Vorschlag *Denk-Mal-Satz: „Wer an Gott glaubt, der glaubt: Gott ist treu.“*
- ***Lied*** M7.12
- ***Schlussritual***

Schritt 4: „Ein Kampf auf Leben und Tod“

Material & Vorbereitung

Mit den Kindern ist besprochen, dass sie aus der Lektüre *Das wilde Määäh* den Rest der Portion 9 lesen, üben: Pastors Rede und die Reaktionen der Freunde. Außerdem haben sie das Buch zu Ende gelesen. Sprechblasen (**D3.17**; verkleinerte Ausdrucke). Bild **D1.17**. Bildkarten „Feder“, „Flöckchen“, „Nobia“, „Quentin“ (vergrößert aus **D7.2**). Textblatt **M7.14** (einmal groß ausgedruckt), Text- und Arbeitsblatt **M7.15** für jedes Kind. Buchstaben des Wortes „endgültig“ (**D7.13**). Auferstehungsbild **D7.16**, Lied *Korn, das in die Erde* (**M7.17**)

Verlauf

- ***Anfangsritual***
- ***Sitzkreis***. Lesen mit verteilten Rollen: von „gehe ich allein weiter“, S. 139, bis „auf die andere Seite des Zauns“, S. 141. (mehrere Durchgänge). L legt Textblatt **M7.14**, Pastors Rede, zu Pastor. Die Kinder notieren auf Sprechblasen die Kommentare der Freunde. Sie legen ihre Sprechblasen zu den Bildern der jeweiligen Sprecher.
- ***Buchstaben***. Die Kinder entdecken das Schlüsselwort „endgültig“. *Theologisches Gespräch* über Bedeutung und Wirkung des Wortes. ERWARTUNGSHORIZONT: 1) Ham weiß nicht, was das ist. 2) Was wissen wir? – Wenn man nicht zurück kann. Vielleicht aus einem Gefängnis, vielleicht von einer falschen Entscheidung, vielleicht aus dem Tod ...
- ***Gruppenarbeit.*** Die Kinder erhalten **M7.15**, „Das Wunder“. Pastors „endgültige“ Entscheidung erweist sich ganz anders als erwartet. Statt Kampf ...?
- ***Präsentationen.***
- ***Auferstehungsbild.*** Die Kinder beschreiben, was sie sehen; wie es wirkt. L informiert über Titel, Zusammenhang und Bildsprache. Die Kinder ergänzen entsprechend ihre Deutung. L: „Lasst uns versuchen, eine Brücke zu bauen zwischen der Geschichte von Pastor und der christlichen Überlieferung von Kreuz und Auferstehung ...“ *Theologisches Gespräch:* Die Kinder kommen darauf, dass in beiden Fällen ein Wunder geschieht: Pastor verzichtet auf den Kampf; Jesus kommt zurück aus dem Tod. In beiden Fällen siegt das Leben. Vorschlag ***Denk-Mal****-Satz:* „Die Hoffnung sagt: Endgültiges muss nicht endgültig bleiben!“
- ***Lied* M7.17**
- ***Schlussritual***

Biblisches Erzählen: Abraham irrt sich

Material & Vorbereitung

Für die Mitte: Bibel, „Brunnen" (–> **BM2**); schwarzes Tuch als Weg, ein weißes Tuch, das den Weg durchkreuzt (wie der Querbalken des Kreuzes); wo sich die Wege kreuzen: Abraham (Bild oder Bibelfigur oder Kegel). Sprechblase: „Ich will dich segnen und du sollst ein Segen sein." (**D3.17**; im Vorfeld beschriftet).
Erzähllied *Lasst uns heute zu dem Brunnen gehen* (**M1.28**). Lied *In der Mitte der Nacht* (**M7.12**), Erzählvorlage **M7.18**. ***Frag-Mal***. Moderationskarten in drei Farben und Stifte. *Bibelblatt* „Abraham" (**M5.32**), Grundtext **G4.7**. *Deckblatt* der Einheit für jedes Kind. Schlusslied *Du bist der Ich-bin-da* (**M1.31**)
–> **BM5** *Islam* 14

Verlauf

- Anfangsritual der Bibelerzählstunden mit Lied **M1.28.**
- Die Kinder lesen die Sprechblase und verknüpfen das Gelesene mit Abrahams und Saras Geschichte; sie erinnern sich an Gottes Verheißung – Sollte Sara nicht ein Kind bekommen? L erzählt: „Gottes Verheißung ist wahr geworden. Es wird erzählt: Als Abraham schon 100 Jahre alt war, da gebar Sara tatsächlich ein Kind. Isaak, den *Sohn des Lachens*."
- Die Kinder erzählen, zeigen, wie Abraham und Sara auf die Geburt des Kindes reagieren (Freude, Jubel, Dankbarkeit). L kündigt an: eine schwere, dunkle Geschichte, die gar nicht zu den anderen passt …
- ***Die Bibel öffnen***. L nimmt die Rolle eines Knechtes Abrahams ein. Erzählt möglichst frei mit **M7.18.**
- ***Stille Zeit.*** Die Kinder schreiben auf Moderationskarten: 1) was sie selbst an der Geschichte wundert, 2) was ihnen gefällt, 3) was sie sich fragen. Die Karten werden in der Mitte abgelegt.
- ***Gespräch.*** Die Karten 1 und 2 werden reihum gelesen und zur Kenntnis genommen (ggfs. Verständnisfragen).
- ***Fragerunde und Theologisieren***. Das ***Frag-Mal*** geht von Hand zu Hand. Kinder nennen ihre Fragen von den Karten 3). Eine der Fragen wird aufgegriffen und im *Theologischen Gespräch* thematisiert, z. B.: Wie kann Abraham glauben, dass Gott Opfer verlangt? / Wie kommt diese dunkle Geschichte in die Abrahamsgeschichten hinein?

> *Hinweis:* Hier bietet sich ein interreligiöses Gespräch über Opfer-Verständnisse an; ebenso ein Exkurs in die islamische und jüdische Traditionen der Geschichte von „Isaaks Bindung" bzw. „Ismael" (Opferfest). Als Einzelstunde oder als Teil des Projektes E.

- Die Kinder bekommen je ein neues Bibelblatt „Abraham", den Grundtext **G4.7** und das *Deckblatt* der Einheit.
- ***Schlussritual*** der Bibelerzählstunden mit Lied **M1.31.**

Einheit 8

Wir gehen auseinander und bleiben verbunden

Ohne UNTERSCHIED

zusammen stehen

Für diese Einheit benötigen Sie
M8.1, M8.2, M8.3A, M8.3B, M8.4, D8.5–D8.6, M8.7, G4.8
D1.17, M1.28, M1.30, M5.18, D7.2, M7.12
BM2, BM3, Deckblatt 8, Spruchband Gal 3,28

Schritt 1: Geschichten von Wolf und Lamm

Material & Vorbereitung

Die Kinder haben die Klassenlektüre *Das wilde Määäh* zu Ende gelesen.
Bilder Ham (**D1.17**) und seine Freunde aus **D7.2** – im Klassenraum verteilt; Auswertungsbogen **M8.1**; Schreib-Los-Impuls **M8.2**

Verlauf

- ***Anfangsritual***
- Die Kinder wandern durch den Raum und finden die Bilder der Tiere. Sie bleiben bei ihrem Lieblingstier stehen. Wenn alle Kinder ihre Position gefunden haben – Stichproben: Einzelne begründen ihre Wahl.
- ***Einzelarbeit***. Jedes Kind erhält einen Auswertungsbogen **M8.1**; einige der Ergebnisse werden anschließend vorgelesen – wenn möglich antwortet ein anderes Kind jeweils mit einer Gegenposition.
- ***Gruppenbildung*** je nach Lieblingstier. L gibt den Schreib-Los-Impuls. Die Gruppen entwickeln selbstständig Fortsetzungsideen für „Band 2". Diese Fortsetzungen werden gesammelt.
- ***Sitzkreis.*** Einzelne Ideen werden vorgestellt. L sucht nach Gemeinsamkeiten. ERWARTUNGSHORIZONT: Die Tiere kommen zu weiteren Abenteuern wieder zusammen; ihre Freundschaft hält und bewährt sich.
- ***Schlussritual***

Schritt 2: **Geschichten von Christen in aller Welt**

Material & Vorbereitung

Im Vorfeld bestellen: Projektmaterial aus Partnerschaften mit Kirchen und Gemeinden aus Übersee, z. B. vom regionalen *Missionswerk*, von *Brot für die Welt*, *UNICEF*, *Kindernothilfe*; meistens gibt es dort spezielle Materialien für den Unterricht.

Weltkarte. Länderfähnchen. Arbeitsblatt **M8.3** (A oder B); Lied *Immer und überall* (**M8.4**), Materialtheke mit Infomaterial, evtl. entsprechenden Bildbänden, *Spruchband Gal 3,28*

Dieser Schritt kann unabhängig durchgeführt werden oder als Abschluss des Projektes D, „Nah und fern".

Verlauf

- ***Anfangsritual***
- Die Kinder sichten die Materialtheke und entscheiden sich für das Land / Projekt, mit dem sie sich auseinandersetzen möchten. Entsprechend finden sie sich in Gruppen zusammen.
- ***Gruppenarbeit.*** Die Gruppen bearbeiten das vorgefundene Material mithilfe des Arbeitsblattes **M8.3** (Variante A = ohne Projekt D; Variante B = mit Bezug auf Projekt D).
- ***Präsentationen*** und Gespräch: Wo bauen wir Brücken? Aus welchem Stoff sind diese Brücken? Zusätzlicher Impuls: *Spruchband Gal 3,28*; ERWARTUNGSHORIZONT: Solche Brücken sind aus gegenseitiger Achtung und Freundschaft; theologisch betrachtet: aus Jesus. Vorschlag *Denk-Mal-Satz: „Christen glauben: Durch Jesus Christus sind wir Geschwister."*
- ***Lied* M8.4**
- ***Schlussritual***

Schritt 3: **Auf dem Weg zum Frieden**

Material & Vorbereitung

Materialtheke mit Bau- und Gestaltungsmaterialien (viele Bauklötze, Tücher, Steine, Filz), Spielplan **D8.5** und Rollenkarten **D8.6**, Lied Immer und überall (**M8.4**), *für das Fest:* Lied *Hevenu shalom alechem* (**M5.18**)

Verlauf

- ***Anfangsritual***
- L stellt das ***Planspiel „Babel"*** vor; die Kinder bilden „Tandems" (je nach Stimmung in der Klasse: nach Wahl oder Los); je eine Rollenkarte für jedes Tandem (**D8.6**)
- ***Partnerarbeit.*** Jedes Tandem erarbeitet seine Rolle (gemäß Spielplan **D8.5**)
- ***Runder Tisch.*** Die Leitung beruft die Versammlung ein. Die Tagesordnung wird festgesetzt. Die Teilnehmenden stellen sich und ihr Anliegen vor. Es wird verhandelt, bis ein einvernehmliches Ergebnis gefunden ist.
- ***Bauphase.*** Jede Rolle trägt ihren Teil zur Umsetzung bei.
- ***Begehung.*** Die Kinder würdigen ihr Bauwerk. Foto. Namensgebung. Rede. Lieder.
- ***Schlussritual*** (kann entfallen zugunsten des Einweihungsrituals für das Gebäude)

Biblisches Erzählen: Als sich die Menschen wieder verstanden

Material & Vorbereitung

Für die Mitte: Bibel, „Brunnen" (—> **BM2**); rotes Tuch, darauf möglichst viele „Häuser" (Bausteine oder Spielmaterial, z. B. aus „Monopoly"), die „Stadt" ist durch ein transparentes Tuch „verschleiert", am Ende wird der Schleier weggezogen.

Erzähllied *Lasst uns heute zu dem Brunnen gehen* (**M1.28**). Lied *In der Mitte der Nacht* (**M7.12**), Erzählvorlage **M8.7**. ***Frag-Mal***. Moderationskarten in drei Farben und Stifte. Evtl. *Bibelblatt* „Jesus" (**M1.30**), Grundtext **G4.8**. Lied *Hevenu shalom alechem* (**M5.18**), *Deckblatt* der Einheit für jedes Kind. Schlusslied *Du bist der Ich-bin-da* (**M1.31**)

> Diese biblische Erzählung passt zum Pfingstfest und zum Projekt F „Feste".

Verlauf

- Anfangsritual der Bibelerzählstunden mit Lied **M1.28.**
- Die Kinder betrachten die „Stadt" und stellen Vermutungen über die Bedeutung des Schleiers an. ERWARTUNGSHORIZONT: dunkel, Schatten, vielleicht Gefahr oder Trauer ...
- ***Die Bibel öffnen***. L nimmt die Rolle einer Galiläerin ein. Erzählt möglichst frei mit **M8.7**.
- ***Stille Zeit.*** Die Kinder schreiben auf Moderationskarten: 1) was sie selbst an der Geschichte wundert, 2) was ihnen gefällt, 3) was sie sich fragen. Die Karten werden in der Mitte abgelegt.
- ***Gespräch.*** Die Karten 1 und 2 werden reihum gelesen und zur Kenntnis genommen (ggfs. Verständnisfragen).
- ***Fragerunde und Theologisieren***. Das ***Frag-Mal*** geht von Hand zu Hand. Kinder nennen ihre Fragen von den Karten 3). Eine der Fragen wird aufgegriffen und im *Theologischen Gespräch* thematisiert, z. B.: Was ist „Begeisterung"? Was ist Auferstehung? Wie sind die Jünger plötzlich auf die Idee gekommen, zu sagen: „Er ist auferstanden?" Was haben sie erlebt?
- Die Kinder entscheiden selbst: Was für ein Bibelblatt benötigen sie hier? Welcher Name soll darauf stehen? (L hält Jesus-Blätter bereit; denkbar auch: „Apostel")
- ***Schlussritual*** der Bibelerzählstunden mit Lied **M1.31** und / oder **M5.18**

Materialien

Hinweise zur Benutzung

- Materialien, die in den Einheiten mit M gekennzeichnet sind, finden Sie auf den folgenden Seiten als Kopiervorlagen – nach Einheiten, in der Reihenfolge ihres Vorkommens. Das digitale Material wird fortlaufend mitgezählt.
- Materialien, die in den Einheiten mit D gekennzeichnet sind, finden Sie als digitales Material im Internet auf www.v-r.de. Der Zugangscode befindet sich auf der ersten Innenseite. Die Grundtexte zu diesem Band sind mit G gekennzeichnet. Die Grundtexte zu Band 1 und 2 finden Sie im Basismaterial unter **BM8**.
- Das digitale Material ist nach Einheiten und Schritten geordnet und gekennzeichnet. Zusätzlich gibt es die Basismaterialien, die in allen vier Schuljahren eingesetzt bzw. fortgeschrieben werden: *Frag Mal, Denk-Mal*, neu *Sag-Mal*, *Jahresuhr* und *Schatzkiste* mit Kartensatz. *Elternbriefe* 1–12 in **BM4**, *Islam 1–14* in **BM5** und *Dialog 1–15* in **BM6**, die einheitenunabhängig abgelegt sind.
- Die *Spruchbänder* für dieses Schuljahr finden Sie gesammelt am Ende des Materialteils, auf Seite 160, und zum Kopieren noch einmal im digitalen Material. Dort finden Sie auch die *Spruchbänder* für die 1.–3. Klasse.
- Die Anregungen für die in diesem Band zentralen *Brückenprojekte A–F* finden Sie im Basismaterial unter **BM7**.
- Eine Übersicht, die Ihnen den geplanten Lernfortschritt für alle vier Grundschuljahre auf einen Blick zeigt, finden Sie ebenfalls bei den Basismaterialien.

Verlag und Autorin wünschen Ihnen viel Freude und Erfolg mit den Materialien.
Göttingen, im Juni 2015

M1.1 Lied *Herr, gib mir Mut zum Brückenbauen*

T: Kurt Rommel 1963
M: Paul Gerhard Walter 1987

2. Ich möchte gerne Brücken bauen,
wo alle tiefe Gräben sehn.
Ich möchte über Zäune schauen
und über hohe Mauern gehen.

3. Ich möchte Hände reichen,
wo jemand harte Fäuste ballt.
Ich suche unablässig Zeichen
des Friedens zwischen Jung und Alt.

4. Ich möchte nicht zum Mond gelangen,
jedoch zu meines Feindes Tür.
Ich möchte keinen Streit anfangen.
Ob Friede wird, liegt auch an mir.

5. wie Strophe 1

M1.13

Das römische Reich zur Zeit Jesu

„Rom regiert die Welt." – „Alle Wege führen nach Rom." – „Rom ist ewig." – Unter dem römischen Kaiser Augustus sonnte sich Rom im „Goldenen Zeitalter". Es gab keine Kriege mehr; das Reich war „befriedet". Man konnte sich mit Künsten beschäftigen – Malerei, Dichtung, Drama, Bildhauerei und Architektur. Oder mit dem Reichwerden.

Das war die eine Seite der Medaille. Das galt für das herrschende Volk und dort für die Macht- und Befehlshaber. Anders sah es aus für die, die etwas verloren hatten: ihre Freiheit, ihr Land, ihre Würde. Der römische Kaiser beherrschte die Welt. Rund um das Mittelmeer baute er Straßen und Verwaltungszentren. Und überall wachten seine Soldaten darüber, dass der Frieden gewahrt wurde. Die Bewohner der sogenannten Provinzen waren nicht mehr Herr im eigenen Land. Sie mussten gehorchen. Und sie mussten Steuern und Zölle bezahlen, oft so hoch, dass sie kaum genug zum Leben übrig behielten.

So war es auch in der Provinz *Syrien*, dem Land der Bibel und Jesu. Bei vielen Menschen in Galiläa, Judäa und Samaria war alles, was aus Rom kam, verhasst: die Soldaten, die Beamten, die Zöllner und Steuereintreiber. Besonders unbeliebt waren Menschen aus dem eigenen Volk, die in den Dienst der Römer traten, zum Beispiel als Zöllner.

M1.14 Das Römische Reich und das Judentum

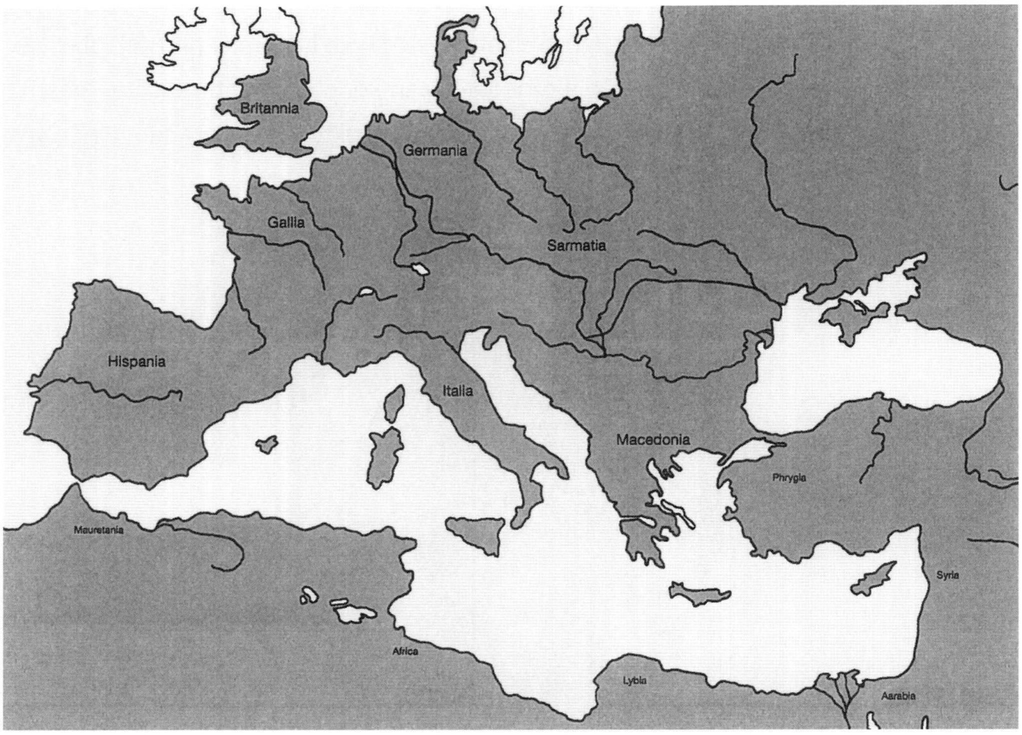

© Katrin Wolff

Der römische Kaiser beherrschte die Welt. Rund um das Mittelmeer baute er Straßen und Verwaltungszentren. Und überall wachten seine Soldaten darüber, dass der Frieden gewahrt wurde. Die Bewohner der sogenannten Provinzen waren nicht mehr Herr im eigenen Land. Sie mussten gehorchen. Und sie mussten Steuern und Zölle bezahlen, oft so hoch, dass sie kaum genug zum Leben übrig behielten.

So war es auch in der Provinz *Syrien*, dem Land der Bibel und Jesu. Bei vielen Menschen in Galiläa, Judäa und Samaria war alles, was aus Rom kam, verhasst: die Soldaten, die Beamten, die Zöllner und Steuereintreiber. Besonders unbeliebt waren Menschen aus dem eigenen Volk, die in den Dienst der Römer traten, zum Beispiel als Zöllner.

Schwerwiegender noch als die politischen Unterschiede waren die religiösen. Die Römer verehrten eine Vielzahl von Göttern und sie verehrten auch den Kaiser wie einen Gott. Für das Volk Israel, die Juden, kam das nicht in Frage: „Gott ist Gott und Gott allein."

In Israel sagte man damals: „Die Römer kennen Gott nicht. Sie beleidigen ihn." Und man sagte auch: „Die Römer sind unrein. Man darf keinen Umgang mit ihnen pflegen." – „Und die, die es doch tun: Sünder sind sie. Unrein. Sie gehören nicht mehr dazu. Für immer."

M1.15

Juden und Christen im Römischen Reich

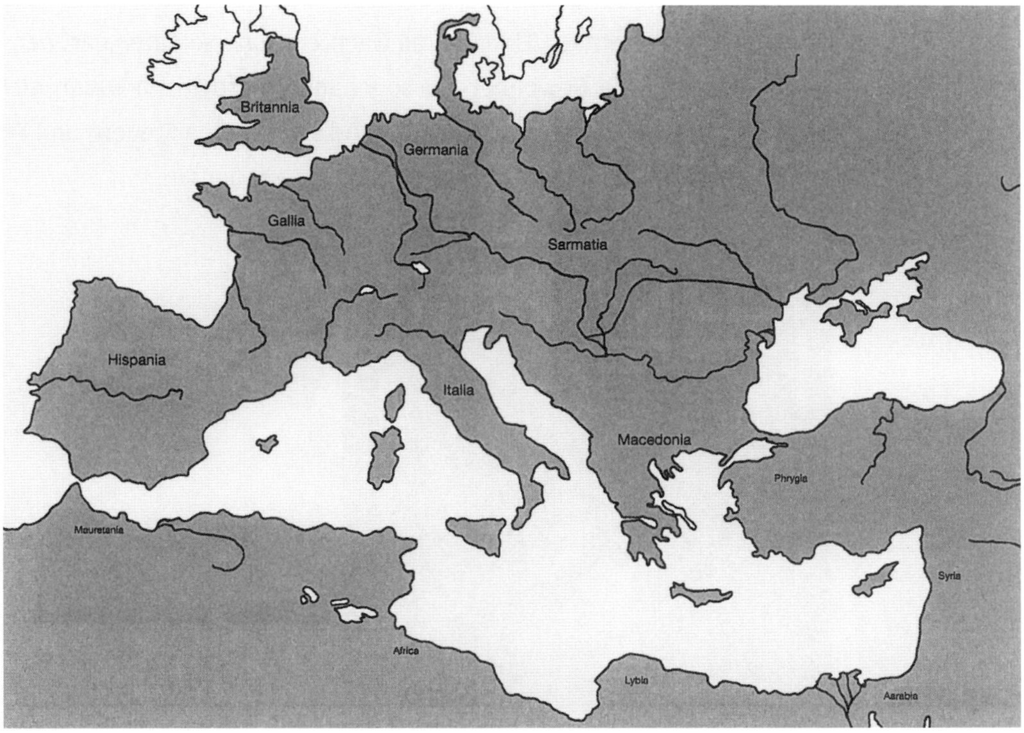

© Katrin Wolff

Der römische Kaiser beherrschte die Welt. Rund um das Mittelmeer baute er Straßen und Verwaltungszentren. Und überall wachten seine Soldaten darüber, dass der Frieden gewahrt wurde. Die Bewohner der sogenannten Provinzen waren nicht mehr Herr im eigenen Land. Sie mussten gehorchen. Und sie mussten Steuern und Zölle bezahlen, oft so hoch, dass sie kaum genug zum Leben übrig behielten.

So war es auch in der Provinz *Syrien*, dem Land der Bibel und Jesu. Bei vielen Menschen in Galiläa, Judäa und Samaria war alles, was aus Rom kam, verhasst. Schwer wiegender noch als die politischen Unterschiede waren die religiösen. Die Römer verehrten eine Vielzahl von Göttern und sie verehrten auch den Kaiser wie einen Gott. Für das Volk Israel, die Juden, kam das nicht in Frage: „Gott ist Gott und Gott allein."

Aber nicht allein den Glauben der Römer fanden die Priester des jüdischen Glaubens falsch – auch die Botschaft Jesu konnten viele von ihnen nicht glauben. Nach Jesu Tod verbreitete sich die Kunde, Jesus sei auferstanden, ja, er sei von Gott selbst wieder auferweckt worden. So mancher Jude glaubte das. Andere nicht.

So entstand eine neue Grenze: Nicht nur zwischen Römern und Juden, sondern mitten durch das Judentum hindurch – die einen glaubten an den auferstandenen Jesus als den Messias, die anderen konnten das nicht.

Und eine weitere Grenze kam hinzu: Nach und nach schlossen sich immer mehr Römer dem Glauben an Christus an. Aber: Mussten sie nicht erst mal Juden werden und den Gott Israels kennen lernen, bevor sie seinen Messias anbeten durften?

M1.16

Christen im römischen Reich

Der römische Kaiser beherrschte die Welt. Rund um das Mittelmeer baute er Straßen und Verwaltungszentren. Und überall wachten seine Soldaten darüber, dass der Frieden gewahrt wurde. Die Bewohner der sogenannten Provinzen waren nicht mehr Herr im eigenen Land. Sie mussten gehorchen. Und sie mussten Steuern und Zölle bezahlen, oft so hoch, dass sie kaum genug zum Leben übrig behielten.

© Wikimedia Commons / Amadscientist

Die Römer verehrten eine Vielzahl von Göttern und sie verehrten auch den Kaiser wie einen Gott. Für das Volk Israel, die Juden, kam das nicht in Frage: „Gott ist Gott und Gott allein." Und die Christus-Anhänger, die ersten Christen, sahen das genauso. Auf keinen Fall durften sie den Kaiser anbeten. Er war ein Mensch und kein Gott.

Den Römern machte es nichts aus, wenn andere Völker andere Gottheiten anbeteten als sie selbst. Im Himmel ihrer Götter war viel Platz. Nur in einem Punkt kannten sie kein Pardon: Der Kaiser musste angebetet werden!

Die Römer glaubten, dass der Frieden und das Wohlergehen des ganzen Reiches davon abhingen, dass alle Bewohner ihre religiöse Pflicht taten: beten zum „göttlichen" Kaiser. Meistens gab es für Juden eine Ausnahme – sie durften sich durch Ersatzleistungen „freikaufen".

Als aber der christliche Glaube sich immer deutlicher vom Judentum trennte, verloren die Christen diesen Schutz. Sie galten als Feinde des Römischen Staates. Gräben taten sich auf. Und wenn etwas schief ging im Reich, sagte man: „Die Christen sind schuld." Christen wurden verfolgt, gefangen, grausam getötet.

M1.18

Die Kommentare der Tiere

Rehbock: Das ist der kläglichste Schrei, den ich je gehört habe.

Kitz: Was ist es, Papa? Von hier kann ich gar nix sehen. Mama sagt immer, man muss sich selbst ein Bild machen. Aber wenn ich nichts sehe, dann kann ich mir gar kein Bild machen. Och, ist das doof.

© 2014 Loewe Verlag GmbH, Bindlach. Illustrationen von Falk Holzapfel

- Lies, was die Tiere über das Fremde sagen. Woher kommen ihre Vermutungen?
- Die Tiere machen verschiedene Vorschläge, wie man mit dem Fremden umgehen sollte. Woher kommen ihre Vorschläge?
- Was denkst du: Wie geht es weiter!?

Wildschwein: Es scheint nicht gefährlich zu sein. Sonst würde es nicht so jämmerlich klingen.

Fuchs: Leute, quatsch'n wir nich' lang rum. Lasst es uns fressen.

Dachs: Nicht so hastig. Was, wenn es giftig ist?

Uhu: Huhuu. Ich halte es für eine Mahuus. Deshalb gehört es nuhuur mir und ich erhebe Anspruch darauf. Huhuu.

Maus 1: Es ist ganz klar keine Maus. Seht doch, wie groß es ist! Und harmlos ist es auch nicht. Es könnte einen glatt zerquetschen.

Maus 2: Wenn man nicht weiß, was es ist, ist es meistens eine Katze.

Katze: Beleidigungen dieser Art verbitte ich mir in aller Entschiedenheit ...

Bär: Ich sag's, wie's is. Ich glaub, es is gefährlich. 's hat so was Grausames. Wahrscheinlich isses eine Art Igel.

Igel: Unverschämtheit! Es hat Locken, keine Stacheln! Wahrscheinlich ist es ein Hase.

Hase: Mit den kleinen Stummelohren? Aus meiner Familie stammt der nicht. Er hat ja nicht mal vorstehende Zähne.

Fuchs: Leute. Wozu streiten, hm? Warum kosten wir nich' 'n kleinen Happen? Dann wissen wir, wonach's schmeckt.

* Vanessa Walder, *Das wilde Määäh*, 13, 14, 16.

M1.19

Leseplan und Einführung des Lesetagebuchs

Ein Buch lesen – neben dem Unterricht. Wie geht das?

- Du besorgst dir das Buch (z. B. aus der Bibliothek).
- Du schneidest dir bunte Papierstreifen als Lesezeichen zurecht. Damit teilst du dir das Buch in Portionen ein. Dann wirkt es gleich nicht mehr so dick.
- Du liest die Portionen innerhalb eines verabredeten Zeitraums, vielleicht jeden Abend vor dem Einschlafen so etwa 20 Minuten.
- Wichtig ist, dass du dran bleibst. Wenn du zu lange aussetzt, bist du raus und musst immer wieder zurückblättern. Das macht keinen Spaß.
- Für Schnell-Leser: Natürlich kannst du das Buch auch in einem Zug durchlesen. Wenn dann aber eine bestimmte Portion im Unterricht drankommen soll: Schau sie dir lieber noch einmal an. Dann ist der Eindruck frisch.

Portion	Seiten	Inhalt	Datum
1	16 bis 22	Frisst der Fuchs das Kleine?	sofort
2	23 bis 30 Mitte	Winter im Wald / Ham ist anders	
3	23 bis 38	Eine folgenreiche Begegnung / Flöckchen	
4	39 bis 43 Mitte	Aufbruch zur Jagd	
5	39 bis 56	Im Eis eingebrochen / Ein besonderer Freund	
6	57 bis 65	Wer ist Ham?	
7	66 bis 71 Mitte	Der Beginn der Suche	
8	66 bis 78	Eine Suche – eine Jagd	
9	79 bis 86 Mitte	Eine Katze ist eine Katze	
10	79 bis 92	Jetzt sind sie vier – die Suche geht weiter	
11	93 bis 104 Mitte	Der Zaun	
12	93 bis 111	Der Fünfte im Bunde: Quentin, der Bulle	
13	112 bis 116	Vom Nutzen der Katze	
14	112 bis 129	Von Hunden gejagt – und entkommen	
15	130 bis 134, Z.8	Kurz vor dem Ziel	
16	130 bis 142	Die Regeln des Hütehundes / Hams Wahl	
17	146 bis 156	Ham oder Hendrik August Magnus?	
18	148, Z.13, bis 156	Hams Geschichte in Schafsohren	

Portion	Seiten	Inhalt	Datum
19	157 bis 162, Z.20	Anpassungsschwierigkeiten	
20	157 bis 170	Getrieben, geschoren, hin- und hergerissen	
21	171 bis 177	Ein schwieriger Abschied	
22	171 bis 184	Der letzte Kampf / Freiheit für alle	

Das Lesetagebuch

Damit du beim Lesen nicht den Überblick verlierst, machst du dir für jede Portion Notizen in dein Lesetagebuch.

Digital: Deine Lehrerin schickt dir die Datei als Mail-Anhang. Du speicherst sie unter deinem Namen auf deinem PC / Laptop ab – und schon kannst du hineinschreiben.

Ausgedruckt: Natürlich könnt ihr auch das Deckblatt und die vorstrukturierte Tagebuchseite ausdrucken. Die Tagebuchseite wird je nach Bedarf kopiert. Dann werden die Blätter beschriftet, gelocht und in einem Schnellhefter gesammelt.

Und so sieht eine Tagebuchseite aus:

Portion ________________ : ________________ Datum: ______________

P: Welche **P**ersonen kommen vor? Wer steht im Mittelpunkt?

____

O: An welchem **O**rt spielt die Handlung?

____

Z: Zu welcher **Z**eit spielt die Handlung?

____

E: Welches **E**reignis wird erzählt? Erzähle kurz nach.

____

K: Was ist der **K**ern dieser Handlung? Die wichtigste Frage oder Erkenntnis? Was gefällt dir? Was gefällt dir nicht?

____

____

M1.20

Lied *Auf Schwingen getragen und frei*

Text: Ulrich Walter
Musik: Reinhard Horn

M1.28

Lied *Lasst uns heute zu dem Brunnen gehen*

Text: Ulrich Walter
Musik: Reinhard Horn

M1.29

Erzählvorlage *Ein Fremder vertraut Jesus*

L nimmt die Rolle der Erzählerin ein, der Frau eines römischen Offiziers. Sie stellt sich den Kindern vor; vielleicht trägt sie einen Überwurf oder sonst ein Kennzeichen, das den Rollentausch verdeutlicht.

„Vergiss es“, habe ich ihm gesagt. „Das hat doch keinen Sinn!“ Aber so ist er, mein Mann: Er will nicht auf mich hören. Mit leuchtenden Augen hat er mich angesehen: „Dieser Jesus“, hat er gesagt: „das ist ein Heiler. Der kann mir helfen! Ich weiß es.“

„Dieser Jesus“, habe ich gesagt, „der ist ein Jude, mein Lieber. Du bist ein Römer. Hauptmann des römischen Heeres. Zwischen denen und uns ist ein Graben. Ein tiefer Riss. Eine hohe Mauer.“

Mein Mann will nicht auf mich hören. Er sitzt da, am Bett seines Dieners. Ein netter Junge ist das. Wir haben ihn beide sehr gern. Jetzt ist er krank. Fieber, rätselhaft und unheilbar. „Ich muss alles versuchen“, sagt mein Mann. „Der Junge ist für mich wie ein Sohn.“

„Es kommt, wie es kommt“, sage ich. Mir tut es auch weh, den Jungen so krank zu sehen. Aber ich kenne das Leben. Ein jüdischer Heiler wird uns nicht helfen. „Ich gehe“, sagt mein Mann. „Fragen kostet nichts.“ Doch, denke ich: Du machst dich lächerlich.

Dann ist er fort. Ich warte. Ich sitze bei dem Jungen. Er glüht. Er wirft sich hin und her. Er redet wirr. Ich flöße ihm Wasser ein. Ich mache ihm Umschläge. Mehr kann ich nicht tun. Es hilft nicht. Es kommt mir vor, als ob er von Minute zu Minute heißer wird.

Dann geschieht es. Auf einmal liegt er still. Ich denke: Es ist aus. Ich habe den Ruf der Klage auf den Lippen. Ich beuge mich über ihn. Er atmet. Er schlägt die Augen auf. Er sieht mich an. „Warum so traurig?“, fragt er mich.

Mein Mann ist nach Hause gekommen. Allein. Noch immer leuchten seine Augen. „Und?“, fragt er. „Wie geht es dem Jungen?“ Diese Hoffnung in seinem Blick! Er weiß von der guten Nachricht, bevor er es sieht. „Er ist über den Berg“, sage ich.

Mein Mann nickt. „Jesus hat es gesagt.“ „Was?“, frage ich. Mein Mann atmet tief durch: „Das Wort, das die Krankheit vertreibt.“ Ich verstehe die Welt nicht mehr. Glaubt mein Mann, dass Jesus den Jungen geheilt hat? Aus der Ferne!?

„In unser Haus wollte ich ihn nicht bitten“, erklärt mir mein Mann später. „Du hast ja gesagt: Zwischen ihm und mir ist eine hohe Mauer. Also bat ich ihn um ein Wort.“

„Und er?“, frage ich. „Er hat sich gewundert“, sagt mein Mann. Auf einmal grinst er. „‚Seht diesen Fremden!‘“, hat er zu seinen Freunden gesagt: „‚So ein Vertrauen kann über Mauern springen!‘“

Nach Lukas 7,1–10

M1.30 Bibelblatt *Jesus*

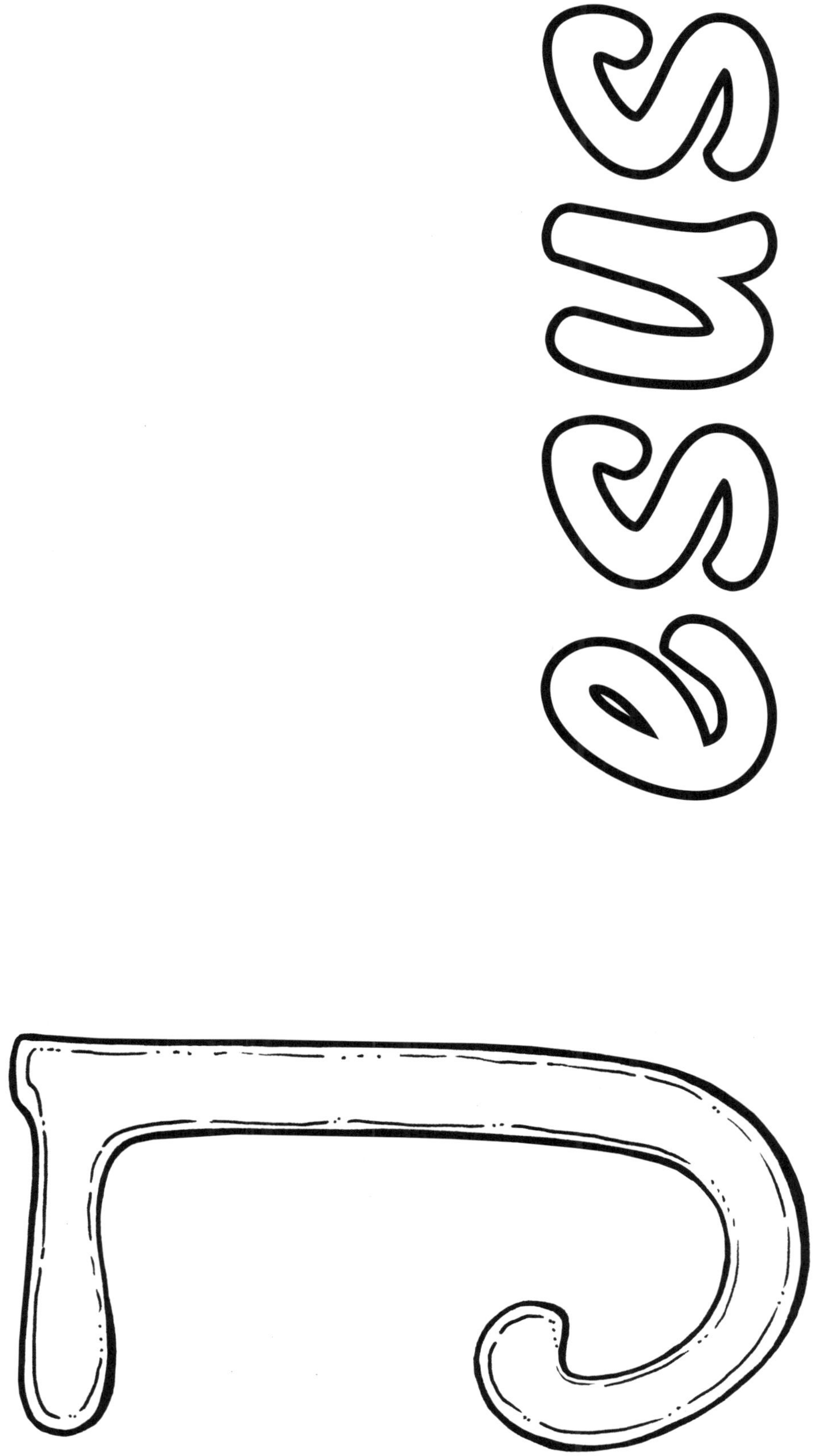

M1.31 Lied *Du bist der Ich-bin-da*

2. Du bist gestern und morgen,
nah und verborgen,
Du bist der ICH-BIN-DA!

3.Du bist laut und ganz leise,
Hunger und Speise.
Du bist der ICH-BIN-DA!

4. Du bist Arche und Steuer,
Wasser und Feuer.
Du bist der ICH-BIN-DA!

5. Du bist Sehnsucht und Friede,
Treue und Liebe,
Du bist der ICH-BIN-DA!

6. Lasst uns loben und preisen,
ihm Ehre erweisen!
Halle, Halleluja!

M2.1

Lied *Wir werden immer größer*

T: Volker Ludwig
M: Birger Heymann

2. Wir werden immer größer,
   das merkt jedes Schaf.
   Wir werden immer größer –
   sogar im Schlaf.
   Ganz egal, ob's regnet,
   donnert oder schneit:
   Wir werden immer größer
   und auch gescheit.

3. Wir werden immer größer,
   darin sind wir stur.
   Wir werden immer größer
   in einer Tour.
   Auch wenn man uns einsperrt
   oder uns verdrischt:
   Wir werden immer größer –
   Da hilft alles nischt.

M2.2 Lied *Wie schön, dass du geboren bist*

Text und Musik: Rolf Zuckowski

2. Unsre guten Wünsche haben ihren Grund:
bitte bleib noch lange glücklich und gesund.
Dich so froh zu sehen, ist, was uns gefällt.
Tränen gibt es schon genug auf dieser Welt.
Wie schön …

3. Montag, Dienstag, Mittwoch, das ist ganz egal,
dein Geburtstag kommt im Jahr doch nur einmal.
Darum lass uns feiern, dass die Schwarte kracht,
heute wird getanzt, gesungen und gelacht.
Wie schön …

M2.4 Arbeitsblatt *Mose*

Mose. Ein ägyptischer Name.
Er bedeutet: „Ich habe ihn aus dem Wasser gezogen." –

Hinter diesem Namen steckt eine Geschichte. – Erinnere dich und erzähle:

- Wer hat dem Kind diesen Namen gegeben?
- Wann wurde Mose „aus dem Wasser gezogen"?
  Wie ist er da hinein gekommen? Und was war daran so wichtig, dass es seinen Namen bestimmt hat?

Ägypter oder Israelit (die Ägypter sagten: Hebräer),
Herr oder Sklave. Durch Moses Herz geht ein tiefer Riss. –

Erinnere dich und erzähle:

- Wo ist Mose aufgewachsen?
- Was hat er gehört und gesehen?

Befreiung oder Sackgasse – das Volk Israel
macht sich auf einen langen, gefährlichen Weg. –

Erinnere dich und erzähle:

- Welche Gefahren lauern in der Wüste?
- Was bringt die Leute zum „Murren" (zum Sich-Beklagen)?
- Was tröstet die Leute und gibt ihnen immer wieder neuen Mut?

Ein Busch, der brennt und nicht verbrennt.
Ein Name für Gott: Ich bin, der ich bin; ich werde da sein". –

Erinnere dich und erzähle:

- Was geschah, als Mose diesen Busch entdeckte?
- Was hat Mose gehört? Und was soll er tun?
- Wie kommt es, dass Gott Mose seinen Namen nennt?

M2.5

Arbeitsblatt *Gott in Judentum, Christentum und Islam*

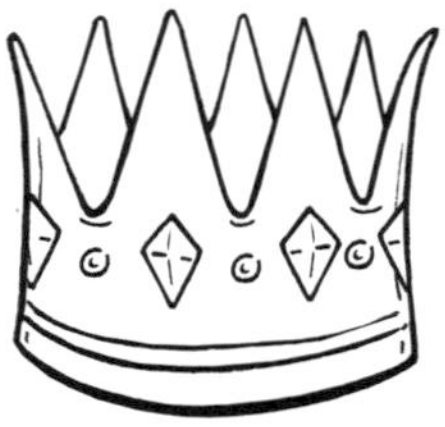

Das Glaubensbekenntnis des Volkes Israel / der Juden:

Höre, Israel, der Herr ist Gott und Gott allein.

Was Christen glauben:

Jesus Christus spricht: Wer mich sieht, der sieht den Vater.

Das Glaubensbekenntnis der Muslime:

Der Herr ist Gott und Mohammed ist sein Prophet.

Alle drei Religionen bekennen: Gott ist einer. Anderen Mächten soll man nicht vertrauen. Sie können nicht helfen.

Gott ist anders als alles, was wir uns vorstellen können. Gott ist unsichtbar, unbegreifbar, unbeschreiblich. Wir können Gott nicht „festlegen“.

Alle drei Religionen sagen: Du kannst dir kein festes Bild von Gott machen. Und andererseits: Du kannst nur in Bildern von Gott erzählen.

Juden nennen nicht einmal Gottes Namen. Der Name „Ich bin, der ich bin“ – ein Rätselname – wird nicht ausgesprochen; stattdessen heißt Gott „der Herr“, „der Höchste“.

Muslime nennen Gott bei seinen Eigenschaften. 99 „Namen“ geben sie Gott – nicht 100!!! So bleibt die Liste unabgeschlossen und der hundertste Name ist immer wieder ein anderer.

Christen wissen ebenso gut wie Juden und Muslime, dass kein Name und kein Bild ausreichen würden, um Gott zu beschreiben. Sie verlassen sich darauf, dass Jesus von Gott ist und ihnen Gott zeigen kann: in Achtung, Liebe, Barmherzigkeit, im „Angesicht eines Menschen“, sagen sie.

○ Beschreibe mit deinen eigenen Worten den Gott der Bibel, so wie du ihn kennst.

 |

M2.6 Arbeitsblatt *Babylonische Götter*

Bei den großen Nachbarn des Volkes Israel, im Zweistromland, in Babylon, glaubten die Menschen an viele Götter. Sie waren untereinander verwandt, aber keineswegs immer einig. Die Babylonier erzählten Geschichten über ihre Götter, Mythen; sie erzählten, dass die Streitereien der Götter Auswirkungen auf die Erde und die Menschen hatten. Sie beteten zu den Göttern und brachten ihnen Opfer, damit sie an die Menschen dachten. Eine der Geschichten ist die Geschichte einer großen Flut. Das Volk Israel hat später auch eine Flutgeschichte erzählt – ähnlich, aber auch anders.

Einst waren die Götter die Menschen leid. Sie mochten ihren Lärm nicht mehr hören. Und Enlil, der Mächtigste unter ihnen, sprach: „Eine Flut soll kommen und alles Leben auf Erden vernichten." Ea aber, der Weise unter den Göttern, verriet es seinem Liebling unter den Menschen, Utnapischtim. Laut sprach er in Utnapischtims Nähe von der großen Gefahr und wie man ein Boot bauen müsste, um ihr zu entgehen. *Utnapischtim verstand die Warnung und den Wink und machte sich gleich ans Bauen. Und er lud in das Boot alles, was er brauchte zum Leben: seine Familie und Vorräte und Vieh.*

(...) Er schloss die Luke im letzten Moment. Ein Unwetter ging herab auf die Erde, es toste und brauste und alles ertrank. Die Götter selbst bekamen es mit der Angst. Und sie bekamen auch Hunger, als die Opfer der Menschen ausblieben. Und sie scharten sich zusammen und begannen zu klagen. Die Mächtigste der Göttinnen aber, Inanna, rief: „Ach, hätte ich doch nie zugestimmt, die Menschen zu ertränken in der Flut. Wer wird uns nun opfern?"

Am siebten Tag endlich endete das Tosen und das Unwetter kam zur Ruhe. Utnapischtim in seinem Boot öffnete eine Luke und schaute hinaus. Und was er sah, entsetzte ihn. Und er saß da und weinte über das Unglück, das die Erde und alle Menschen getroffen hatte. Dann dachte er, dass es vielleicht Zeit sei, das Boot zu verlassen, und er sandte Vögel, um zu sehen, ob sie trockenes Land finden würden. Und eine Taube flog aus und kam wieder. Sie fand keinen Platz, um zu bleiben. Und eine Schwalbe flog aus und kam wieder. Sie fand keinen Platz, um zu bleiben. Und ein Rabe schließlich flog aus. Der fand einen Platz. Utnapischtim sah ihn nicht wieder.

Da verließ Utnapischtim das Boot und mit ihm alle, die er gerettet hatte. Und Utnapischtim brachte ein Dankopfer für alle Götter. Und sie kamen und genossen den Duft und freuten sich, dass die Zeit des Hungerns vorbei war. Und sie beschuldigten Enlil, den obersten Gott, wegen des Unheils. „Schon gut", sagte er schließlich. „Ich tu's nicht wieder."

- Was unterscheidet die Götter der Babylonier von dem Gott der Bibel, so wie du ihn kennst?

M2.7

Arbeitsblatt *Griechische Götter*

Die griechische Kultur hat den Raum ums Mittelmeer mehr geprägt als jede andere. Paulus war unter den „Griechen" unterwegs, um von Christus, dem Auferstandenen, zu erzählen. Als Paulus sich im antiken Athen umschaute, fand er die Tempel vieler verschiedener Götter: Es gab den König Zeus und die Königin Hera, dazu mächtige Kinder des Zeus. Die Menschen wandten sich mit Gebeten an die Götter, um Hilfe und Schutz zu erhalten. Sie trauten den Göttern bestimmte „Zuständigkeiten" zu: So war Ares der Gott des Krieges, Aphrodite die Göttin der Liebe; Athene war für Weisheit zuständig, Apollon für die Voraussicht und die Künste.

In Geschichten, Mythen, haben die Griechen von alters her festgehalten, was sie von ihren Göttern wussten und dachten. Eine der Geschichten ist die von Niobe, die glaubte, sich mit einer Göttin messen zu können ...

Niobe war ein Titanenkind, Tochter eines entmachteten Göttergeschlechts, berüchtigt für seinen Hochmut. Niobe gab nichts auf diese Familiengeschichte. Sie lebte im Hier und Jetzt – und das gestaltete sich glücklich. Ihrem Gatten, dem König, gebar sie sieben Söhne und sieben Töchter, Segen ohnegleichen! Gesund und kräftig waren die Söhne, schön und tüchtig die Töchter. Niobe konnte ihr großes Glück und ihre viele Freude gar nicht fassen. Wohin sie auch sah: Niemand war so reich an Kindern wie sie. Noch nicht einmal die Götter! Als dieser Gedanke einmal gefasst war, ließ er sie nicht wieder los. Noch nicht einmal die Götter!

Da kam die Göttin Leto nieder und gebar unter großen Mühen zwei Kinder, einen Sohn und eine Tochter. Und tat, als ob es ein Wunder sei! Einen einzigen Sohn. Eine einzige Tochter. „Ha!", sagte Niobe. „Wie lächerlich, Leto! Sieh her: Ich habe sieben!"

Das aber sagte sie nur einmal! „Hochmut!", schrie die Göttin. „Na, warte nur, Titanentochter! Welch ein Frevel!" Und sie bat ihre eigenen Kinder, den einzigen Sohn und die einzige Tochter: „Rächt eure Mutter! Und schafft diesen Anlass meiner Erniedrigung aus der Welt." Und das taten sie dann: Athene, die Tochter, tötete Niobes Töchter. Apollon, der Sohn, ihre Söhne. Alle sieben.

- Was unterscheidet die Götter der Griechen von dem Gott der Bibel, so wie du ihn kennst?

M2.8

Arbeitsblatt *Götter und Geister*

Hast du schon mal mit einem Baum gesprochen? Mit einer Blume oder dem sprudelnden Wasser einer Quelle? Jetzt lachst du vielleicht. Für kleine Kinder ist so etwas aber gar nicht ungewöhnlich: Sind Pflanzen nicht Lebewesen? Bewegt sich nicht das Wasser? Für Menschen in alten Zeiten, die in und mit der Natur lebten, war das ebenfalls nicht ungewöhnlich: Für sie steckten Geister in allem, was lebt, und in allem, was sich bewegt. Besonders Bäume und Quellen waren ihnen heilig. Es waren Orte zum Beten, zur Besinnung, Orte, wo sie Schutz und Geborgenheit fanden.

Böse Geister gab es für sie auch. Wenn Unglück geschah, wenn Dinge, die sie sich vorgenommen hatten, misslangen, dann waren da böse Geister am Werk. Wenn jemand krank wurde, sagte man: Ein böser Geist hat ihn befallen. Denn so fühlt es sich an und so sieht es aus.

Und dann gab es noch die *Geister der Toten*. Kann denn ein Leben so einfach enden? Ohne Spuren zu hinterlassen? Menschen stellten sich vor: Die Geister der Toten leben weiter. Sie sind unsichtbar. Aber an ihren Wirkungen kann man sie erkennen: Sie können beschützen und helfen; sie können auch Unheil bringen.

Auch zur Zeit Jesu war die Vorstellung verbreitet, dass Krankheiten von bösen Geistern gebracht wurden. Lies, wie Jesus damit umgeht.

Jesus spricht und heilt in der Synagoge (nach Mk 1,21–28)

Am Ruhetag, dem Sabbat, ging Jesus, wie es sich für einen gläubigen Juden gehört, zum Gottesdienst in die Synagoge. Es war in Kapernaum am See Genezareth, dort, wo die Fischer mit ihren Familien lebten. Und als Jesus in der Synagoge war, trat er vor und erzählte von Gott. „Gott ist mächtig und freundlich. Gott ist fern und nah. Gott ist gerecht und gnädig", sagte er vielleicht. Und: „Freut euch: Gottes Reich ist zu euch gekommen. Es ist da!"

Jedenfalls wunderten sich die Menschen, die ihm zuhörten. Sie stießen sich an und flüsterten. „Er ist anders", sagten sie. „Er redet nicht wie einer, der von Gott gelesen hat. Er redet, als ob er Gott von Angesicht zu Angesicht kennt." Und einer unter ihnen wurde unruhig. Er keuchte, als ob er keine Luft mehr bekäme. „Jesus von Nazareth!", schrie es aus ihm. „Was willst du? Lass mich in Ruhe! Ich – ertrage – Gottes – Nähe – nicht!"

„Ein böser Geist!", flüsterten die Leute. „Ein böser Geist spricht aus ihm." Und sie wichen vor ihm zurück. Jesus aber ging hin zu dem Mann. „Lass den Mann in Ruhe!", befahl er dem bösen Geist. „Wo ich bin, ist kein Platz für dich!" Da wurde der Mann ruhig. Er atmete auf und lobte Gott. Die Menschen, die das erlebt hatten, flüsterten nur noch mehr: „Er ist anders. Er redet von Gott, als ob er ihn kennt, und er hat Macht." Und die Kunde breitete sich aus in ganz Galiläa.

- Übersetze das, was Jesus da getan hat, in die heutige Zeit: Wie kannst du das, was damals geschehen ist, heute verstehen?

M2.9

Arbeitsblatt *Die Götter der Welt*

- Folgenden Beitrag hat ***Religion mit Kindern*** im Internet gefunden. Finde heraus, um was für einen Gott es hier geht.
- Was denkst du über die Rede vom „Fußballgott"?
- Nenne andere Gelegenheiten, bei denen Menschen von heute von „Gott" oder Göttern reden, ohne den Gott zu meinen, den du aus der Bibel kennst.

Ihr Gott heißt Maradona

Fußball-Legende Diego Armando Maradona wird in Argentinien wie ein Heiliger verehrt. Deshalb haben seine treuesten Anhänger eine Kirche gegründet: Die Iglesia Maradoniana. Brautpaare heiraten dort, Diegos Geburtstag ist ihr Weihnachtsfest.

[In der Kirche sieht man] junge Männer mit „D10s"-T-Shirts: Díos heißt auf Deutsch Gott, die Zehn trug Diego Maradona als Spieler auf dem Rücken. In Argentinien wird el Diego wie ein Gott verehrt, an seinem Geburtstag feiern die Anhänger der maradonianischen Kirche Weihnachten. Seine Autobiographie ist ihre Bibel.

[...] „Ich glaube an Diego, den allmächtigen Fußballspieler, Schöpfer von Magie und Passion", beten die Gläubigen gemeinsam. Sie grummeln das Glaubensbekenntnis der Maradonianer mit der gleichen Monotonie, mit der in vielen Kirchengemeinden gebetet wird. Doch zwei Minuten später reißen sie die Arme hoch, einige springen auf ihre Stühle und schreien als wären sie im Stadion: „Oleeee, oleeee, Diegooo, Diegooo".

[...] „Ziel der Iglesia Maradoniana ist es, Maradona zu ehren und seine Wunder zu verkünden. Wir wollen nicht, dass ihm erst gehuldigt wird, wenn er tot ist." Alejandro trägt eine Jeans und ein D10s-T-Shirt. Es ist eins von denen, die man nur vorsichtig mit der Hand waschen darf, wenn überhaupt. Gott selbst hat darauf unterschrieben.

„Wir Argentinier sagen, dass Fußball eine Religion ist. Wenn Fußball eine Religion ist, dann gibt es auch einen Fußballgott. Und der ist für uns Maradona", erklärt Mit-Gründer Alejandro Verón. „Der christliche Gott ist für uns der Gott des Verstandes, Diego ist der Gott der Herzen." 40.000 bekennende Maradonianer gibt es inzwischen, auf der ganzen Welt verteilt. Die meisten Mitglieder sind allerdings Argentinier – denn es gibt wenig, auf das die Südamerikaner stolzer sind als auf ihren Maradona.

M2.10

Arbeitsblatt *„Bibelforscher“*

Stufe 1

Untersucht eure Bibel-Fassungen zunächst **von außen**:

- Wie sieht die große Bibel von außen aus? Wie wirkt sie auf euch?
- Notiert ein Wort:

  ____

- Wie sieht Kinderbibel 1 von außen aus? Wie wirkt sie auf euch?
- Notiert ein Wort:

  ____

- Wie sieht Kinderbibel 2 von außen aus? Wie wirkt sie auf euch?
- Notiert ein Wort:

  ____

Stufe 2

Stellt **Vergleiche** an[1]: zwischen der großen Bibel einerseits und den Kinderbibeln andererseits:

- Wie viele Seiten?

  ____

- Wie sind die Seiten gestaltet?

  ____

- Was steht in den Inhaltsverzeichnissen?

  ____

- Sucht jeweils die Schöpfungsgeschichte; was fällt euch auf?

  ____

Warum sind die Kinderbibeln wohl so anders als die große Bibel?

____

Stufe 3

Findet **Gemeinsamkeiten**[2] zwischen der großen Bibel und den Kinderbibeln:

- Welche Geschichten und Personen kommen in jeder vor?
- Welche Aufteilung findet ihr in jedem Inhaltsverzeichnis?

Erklärt den Satz:

„Aus einer Kinderbibel kann ich rauswachsen. Aus der großen Bibel nie.“

---

1 Wenn der Platz nicht ausreicht – Rückseite oder Extrablatt verwenden!

2 Wenn der Platz nicht ausreicht – Rückseite oder Extrablatt verwenden!

M2.11 Lied *Bibelkarawane*

Text: Markus Ehrhardt
Musik: Reinhard Horn

M2.14 Traumreise „*Bibel*“

Komm mit in ein anderes Land und eine andere Zeit. Komm mit in ein Land, wo die Tage lang und heiß, die Nächte aber kurz und kalt sind. Komm mit in eine Zeit, als das erzählte Wort Macht hat und das Schreiben eine seltene Kunst ist.

Komm mit und stell dir vor: Du bist einer der Weisen Israels. Aber Israel, das Königreich, ist vergangen, sein Mittelpunkt, der Tempel in Jerusalem, ist verloren. Du selbst und die anderen Weisen Israels: Ihr seid verschleppt, verbannt. Ihr lebt in der Fremde, heimwehkrank, traurig. Nichts ist euch geblieben, nichts als Erinnerungen. Und das Werk, das ihr begonnen habt: eine Sammlung von Erzählungen, Erzählungen von Gott und den Menschen. Und dieser Gott ist der Gott Israels, der Gott, dessen Tempel zerstört ist ...

Du hast die Schriftrollen ringsum verteilt. Du hast sie aufgerollt. Du liest sie, hier ein paar Sätze, da ein paar Sätze:

- Gott spricht: „Fürchte dich nicht! Ich kenne dich beim Namen. Ich behüte dich.“
- Gott spricht: „Ich will dich trösten wie eine Mutter.“
- Oh Gott, bei dir sind alle Dinge möglich.
- Gott allein tut Wunder, denn seine Güte ist ewig.
- Von allen Seiten umgibst du mich, Gott, und hältst deine Hand über mir.
- Gott spricht: „Siehe, ich bin bei dir und will dich behüten, wo du hinziehst, und will dich wieder nach Hause zurückbringen. Und ich will dich nicht verlassen, bis du wohlbehalten zu Hause bist.“
- Ich hebe meine Augen auf zu den Bergen. Woher kommt mir Hilfe? / Meine Hilfe kommt vom Herrn, der Himmel und Erde gemacht hat.
- Mit meinem Gott kann ich über Mauern springen.

Wie wunderbar erscheinen dir diese Worte, gerade jetzt, gerade hier in der Fremde. Du denkst an Gott und du denkst: Immer, immer hat Gott es gut gemeint: mit unseren Vorfahren, Vätern und Müttern. Mit Israel. Mit dir und mir. Mit allem, was lebt. Sind nicht all diese Erzählungen Teil einer einzigen großen Freundschaftsgeschichte? Hat nicht Gott den Menschen Freundschaft angeboten, immer und immer wieder?

Und du berätst dich mit deinen Kollegen, den anderen Weisen. Und auf einmal seht ihr in dem Durcheinander der Erzählungen, der einzelnen Worte und Schriftrollen, einen Zusammenhang, eine Ordnung ... Immer schon, murmelst du. Von Anfang an ... Die Rollen mit den Geschichten vom Anfang, die kommen an den Beginn (Adam und Eva, der Garten, der Turm) ... Geschichten der Begleitung, die folgen dann: wie Gott mit Mose war, mit seinem Volk, mit dem Propheten Elia ... Gebete und die Rätselgeschichte von Hiob ... Verheißungen, Verheißungen Gottes für eine neue, eine bessere Zeit, wenn Gott kommt, wenn er wiederkommt ... Eine einzige große Freundschaftsgeschichte, murmelst du. Gott und Mensch. Gott und ich. Von Anfang bis Ende. Ja, so ist es ...

Und nun komm zurück, zurück in den Klassenraum, es ist Montag, dritte Stunde ... Komm zurück und sieh: die Bibeln, wie wir sie heute kennen. Eine große Freundschaftsgeschichte: von allem Anfang an und dann weiter, weiter mit Jesus, mit Paulus und Petrus und bis ans Ende der Welt, wenn einmal alles neu wird ...

M2.18

Erzählvorlage *Ein Freund vertraut Jesus – und geht beinahe baden*

Manchmal fragen wir uns: Wen von uns hat Jesus am liebsten? Wer ist sein allerbester Freund? Da sind die Jünger der ersten Stunde: Petrus und Andreas, Johannes und Jakobus. Der Zöllner, den Jesus glücklich gemacht hat, der Blinde, den Jesus sehend gemacht hat. Und wir: Frauen, die mit Jesus gehen. Obwohl sich das für Frauen nicht gehört. Ja, manchmal träumt wohl jeder und jede von uns: Er, sie wäre Jesu allerbester Freund.

Petrus, der benimmt sich so, als wäre er's! Immer ist Petrus der Erste, wenn es etwas zu tun oder zu sagen gibt. Beim Wandern und abends am Feuer: Der Platz neben Jesus, der gehört Petrus.

Und dann war da diese Nacht ... Wir lagerten am Ufer des Sees. Am Abend waren wir über den See gefahren. Einer dieser plötzlichen Stürme hatte uns überrascht. Als es am schlimmsten war, kam Jesus und hob die Arme. Und es war uns allen so, als wäre er über das Wasser gegangen und als hätte er den Sturm gestillt.

In dieser Nacht jedenfalls, da wache ich auf. Ein Geräusch hat mich geweckt, eine Bewegung. Ich reibe mir die Augen und sehe, wie sich jemand davonschleicht. Es ist Petrus. Ich weiß nicht, warum: Ich folge ihm. Am Ufer bleibt er stehen. Er kommt mir kleiner vor als sonst, er ist gebückt und gebeugt. „Petrus?“, spreche ich ihn an. „Geht es dir nicht gut?“

Petrus zuckt nicht einmal zusammen. „Ich kann's nicht“, murmelt er. „Was bin ich bloß für ein Feigling!“ Und das aus seinem Mund! „Du, Petrus?“ „Ja, ich!“, ruft er wütend. „Ich habe versagt!“ Er rauft sich die Haare. Und dann erzählt mir Petrus, was er geträumt hat.

„Weißt du noch – gestern Abend?“, sagt Petrus. „Wie Jesus über das Wasser zu uns kam? Trotz Sturm und Blitz und Donner?“ Ich nicke. Wie könnte ich das vergessen?

„Im Traum war alles genauso“, sagt Petrus. „Aber dann ging es weiter. ‚Ruf mich, Jesus!‘, sagte ich. Und Jesus rief mich. Und ich stieg aus dem Boot und ging auf Jesus zu. Ich konnte es! Aber dann – sah ich die Wellen und hörte den Sturm. Ein Blitz zuckte am Himmel. Ich kann's nicht, dachte ich. Und im gleichen Augenblick begann ich zu sinken.“

„Was hast du gemacht?“, frage ich, ganz gefangen von seinem Traum. „Ich habe Jesus gerufen“, sagt Petrus. „Und Jesus zog mich heraus.“ So einfach. Petrus aber schüttelt sich. „Das ist doch gut“, sage ich.

Petrus schlägt sich an die Brust. „Wieso – konnte – ich – es – nicht!?“, ruft er. „Wieso konnte ich seinem Ruf nicht einfach folgen?“ Ich denke daran, dass Petrus gern der beste Freund sein will – wie ich und wie wir alle. „Es war nur ein Traum“, sage ich. Und dann, als ihn das nicht tröstet: „Du hast es versucht.“

Nach Mt 14,22–33

M3.18

Lied *Lied vom Stein*

Text: Rolf Krenzerr/Norbert Weidinger
Musik: Ludger Edelkötter; KiMu Kinder Musik Verlag GmbH, 42555 Velbert

M3.19 Lied *Jeder Schritt auf dieser Erde*

Text: Rudolf Otto Wiemer / Musik: Oskar Gottlieb Blarr, aus: *Solange die Erde noch steht*, 1985
Alle Rechte im tvd-Verlag, Düsseldorf 1985

2. Jedes Wort auf dieser Erde soll ein Wort zum Frieden sein,
   dass sie Gottes Erde werde, dazu ist kein Wort zu kein.

3. Jeder Mensch auf dieser Erde soll ein Friedensstifter sein,
   dass sie Gottes Erde werde, dazu ist kein Mensch zu klein.

M3.20 Arbeitsblatt *Stundenplan / Wunschzettel*

Teil 1: Stundenplan

	Sonntag	Montag	Dienstag	Mittwoch	Donnerstag	Freitag	Samstag
8:00							
10:00							
12:00							
14:00							
16:00							
18:00							
20:00							

- Fülle den Stundenplan für eine „ganz normale“ Woche aus. Es kommt nicht so genau auf einzelne Stunden und (z. B.) Schulfächer an, sondern ganz allgemein darauf: Welche verschiedenen Orte besuchst du und welche Aktivitäten erwarten dich dort?

Teil 2: Wunschzettel

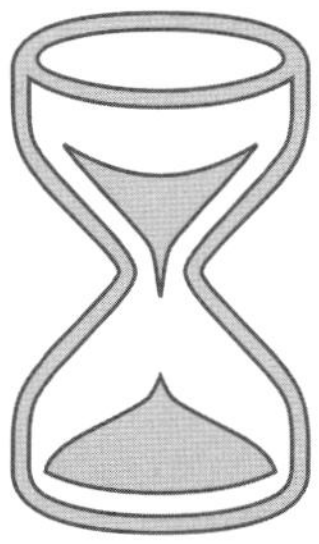

- Fülle den Wunschzettel aus: Wofür hättest du gern mehr Zeit?

M3.23

Erzählvorlage *Wie sich das Volk einen eigenen Gott machte*

Wir konnten nicht warten. Oder doch? Vielleicht hätten wir mehr Geduld haben sollen, uns mehr anstrengen. Wer weiß ... Aber Mose war weg, Mose, der Mann mit dem Stab. Der, der uns immer sagt, wo's lang geht. Ja, der war weg. Und so ist es geschehen, dass wir Angst bekamen. Und dass wir die Geduld verloren.

Ich bin Josua, Moses Knecht. Und ich gestehe: Nur durch Moses Augen sehe ich Gott. Nur durch Moses Mund höre ich Gottes Stimme. Wenn Mose schweigt, schweigt auch Gott. Und wenn Mose nicht da ist, ist da kein Gott. Dem Volk muss es genauso ergangen sein. Als Mose auf den Berg stieg, allein mit seinem Stab – auch mich wollte er nicht mitnehmen –, da war es uns allen, als wären wir ganz und gar verlassen. Kein Stab, kein Mose, kein Gott. Und wir begannen uns zu fürchten.

Stell dir das vor: Tage, Wochen und Monate lagen hinter uns. Wüstenwanderung. Immer auf Gottes Spur. Auf den Spuren Moses. Tag um Tag. Wir fanden Wasser – mit Moses Hilfe. Nahrung – mit Moses Hilfe. Und Mose sagte uns: „Das kommt von Gott."

Und nun dieses Lager am Berg. Mitten in der Wüste. „Gottes Berg", sagte Mose. Und wir sahen Gott: dunkle Wolken über dem Gipfel. Ein Leuchten wie Blitz und ein Grollen wie Donner. „Er ruft mich", sagte Mose. „Mich allein." Er nahm seinen Stab und ging weg. Wir blieben zurück. Wir haben es nicht ausgehalten. Wir haben uns einen Gott gemacht. Aus Gold, dem Kostbarsten, was wir hatten. Wir sind um ihn herumgetanzt und haben ihn gelobt. Er sollte die Form eines Stieres haben, unser Gott. „Stier" für mächtig und stark. Aber für einen Stier hat unser Gold nicht gereicht. Es ist ein Kalb geworden. Ein Kalb aus Gold. Unser Gott.

Und nun, mitten im Tanz, ist Mose wieder da. Mit Glanz im Gesicht und zwei Steintafeln in den Armen. Ich bin sein Diener. Ich gehe auf ihn zu. Und sehe: Er wird wütend. Unheimlich wütend. Ich sehe Gottes Zorn in Moses Augen und höre Gottes Schrei aus Moses Mund. Mose schmettert die Steintafeln zu Boden. Sie zerbrechen in tausend Teile. „So habt ihr die Treue gebrochen!", schreit Mose. „Das erste Gebot!" Wir stehen wie vom Donner gerührt. Wir haben nicht gedacht, dass wir etwas Böses machen. Aber es ist böse. Wir sehen es in Moses Gesicht. „Totes Gold habt ihr zu eurem Gott gemacht?", fragt Mose. „Wir hatten nichts Kostbareres", sagen einige von den Ältesten. „Hattet ihr nicht den Lebendigen?", schreit Mose. „Den, der euch befreit und gerettet, geleitet und behütet hat? Hattet ihr nicht den lebendigen Herrn?"

„Wir haben ihn nicht mehr gesehen", sagen sie. Mose deutet auf die Scherben. „Er hat mir einen Bund geschenkt", sagt Mose, „einen Vertrag: Wenn wir ihn halten, will er ewig für uns sein." „Was für einen Vertrag?", fragen die Ältesten. „Zehn Gebote für ein gutes Miteinander", sagt Mose. „Das erste Gebot heißt: Ich bin der Herr, dein Gott, du sollst nicht andere Götter haben neben mir." Da geht ein Schrei durch die Menge. Das erste Gebot: Wir haben es schon gebrochen!

Nach 2 Mose 32

 |

M3.24 Bibelblatt *Mose*

M4.2

Zeitreise *„Mittelalter“*

Sitzt du bequem? Und sicher? Atme ruhig. Mach dich bereit. Komm mit auf eine Reise in eine andere Zeit. Du steigst in die Zeitmaschine und stellst den Schalter auf „Spätmittelalter“. Die Zeitleiste blinkt. Bei 1500 bleibt sie stehen. Und schon hebst du ab und fliegst zurück – 500 Jahre zurück in der Zeit.

Als du aussteigst, hat sich dein Dorf (deine Stadt) verändert. Die Straßen sind Wege. Die Menschen gehen zu Fuß. Karren und Kutschen rattern über grob behauene Kopfsteinpflaster, geschoben von Männern in groben Kitteln, gezogen von Eseln. Ein paar Männer, gekleidet in Samt und Seide, reiten hoch zu Ross. Die Armen machen ihnen hastig Platz.

Kein Motor ist zu hören, kein elektrisches Licht zu sehen. Keine Antennen, keine Satelliten, kein öffentlicher Fernsprecher. Du suchst ein Kaufhaus, einen Supermarkt? Vergiss es. Am Sonntag ist Markttag; da kannst du einkaufen gehen. Oder du folgst den Handwerksschildern: Schuster, Schneider, Bäcker, Schlachter.

Jenseits des Marktes steht die Kirche, noch ganz neu, ein stolzer Bau mit hohem Turm. Willst du eintreten? Atme den Duft von Weihrauch. Horche auf die Stille. Staune über die hohen Decken, die farbigen Fenster. Siehst du das Bild? Das ist die Hölle: ein Meer aus Flammen und Qualen. Überall kleine Teufel mit Spießen. Und schreiende Menschen mittendrin.

Schau lieber weg. Das ist nicht deine Welt. Aber eine Frau spricht dich an. Sie hat deinen entsetzten Blick gesehen. „So enden alle Sünder“, sagt sie zu dir. „Und die Pest, die sich im Land ausbreitet wie ein Feuer – das ist der Anfang! Sie ist die Strafe Gottes. Denn die Menschen werden immer schlechter.“ „Gott ist gnädig“, antwortest du. Aber du siehst: Sie glaubt dir nicht.

Rasch verlässt du die Kirche. Eine Wolke aus Weihrauch folgt dir. Liegt darunter bereits der Atem der Pest, dieser furchtbaren Seuche? Du schüttelst dich. Dann rennst du los. Zurück in die Zeitmaschine. Zurück in die Zukunft.

Und dann bist du wieder da, zurück auf deinem Stuhl, in deiner Klasse, in der Schule. Im 21. Jahrhundert. Schüttele dich noch einmal. Atme tief durch. Und sieh dich um …

Alternativ: www.kinderzeitmaschine.de/Mittelalter/Spätmittelalter: Lucy landet mit ihrer Zeitmaschine im Mittelalter …

M4.3

Arbeitsblatt *Kaufmann*

Lest gemeinsam von Anton, dem Kaufmannssohn. Lest auch die Info-Blätter zum Mittelalter. *(Und wenn möglich: Recherchiert im Internet: http://www.kinderzeitmaschine.de/mittelalter/lucys-wissensbox/kategorie/handel-und-wirtschaft-fugger-hanse-und-der-beginn-des-modernen-handels/frage/wie-wichtig-war-der-marktplatz.html?no_cache=1&ht=4&ut1=11)*

Ich bin Anton.
Mein Vater ist Kaufmann, genauer gesagt: Reeder.
Zusammen mit meinem Onkel besitzt er ein Handelsschiff, eine Kogge.

Vaters Schiff fährt über die Ostsee – z. B. von Lübeck nach Brügge, Bergen, Riga und Nowgorod. Gehandelt wird mit Getreide, Gewürzen, Stoffen, Bier und Wein. Dazu gehören Mut und Tatkraft, sagt Vater. Er sagt: Der Handel bringt die Welt voran. Kaufleute sind wichtiger als Adlige.

Ich will natürlich auch mal ein großer Kaufmann werden. Aber erst einmal muss ich noch viel lernen.
Ich sammle Münzen, die mein Vater mir von seinen Reisen mitbringt.
Geld ist sehr wichtig im Leben eines Kaufmanns ...

- Einer von euch schlüpft in die Rolle von Anton. Die anderen stellen ihm Interview-Fragen. Bereitet Fragen und Antworten so vor, dass ihr das Interview vorspielen könnt.

M4.4 Arbeitsblatt *Ritter*

Lest gemeinsam von Junker Burckhard. Lest auch die Info-Blätter zum Mittelalter.
(Und wenn möglich: Recherchiert im Internet: http://www.kinderzeitmaschine.de/mittelalter/lucys-wissensbox/kategorie/reich-und-regierung-von-kaisern-und-koenigen-fuersten-und-freien-staedten/frage/wie-sah-eine-ritterruestung-im-spaetmittelalter-aus.html?no_cache=1&ht=4&ut1=11)

*Ich bin Junker Burckhard.
Ich lebe auf der Wartburg. Ich will Ritter werden.
Ich liebe die Geschichten von berühmten Rittern und ihren Abenteuern mit Drachen, Schätzen und schönen Burgfrauen. Ich würde gern mal eine Prinzessin befreien ... Allerdings fürchte ich: Die große Zeit der Abenteuer ist vorbei.*

*Ein paar alte Ritterrüstungen stehen auf der Burg noch rum. Ich trage ein Schwert mit mir, aber wir halten keine Turniere mehr ab und die Kanonen im Burghof sind auch schon lange nicht mehr benutzt worden. Der Kaiser und die Fürsten schützen unseren Frieden.
Die Zeiten ändern sich und wir ändern uns mit ...*

- Einer von euch schlüpft in die Rolle von Burckhard. Die anderen stellen ihm Interview-Fragen. Bereitet Fragen und Antworten so vor, dass ihr das Interview vorspielen könnt.

M4.5 Arbeitsblatt *Mönch*

Lest gemeinsam von Bruder Lorentz. Lest auch die Info-Blätter zum Mittelalter.
(Und wenn möglich: Recherchiert im Internet: http://www.kinderzeitmaschine.de/mittelalter/lucys-wissensbox/kategorie/kirche-und-papst-von-paepsten-mit-viel-und-wenig-macht-und-einer-stadt-namens-avignon/frage/warum-gingen-viele-frauen-gerne-ins-kloster.html?no_cache=1&ht=4&ut1=11)

Ich bin Bruder Lorentz.
Ich bin Mönch im Augustinerkloster in Erfurt.

Unseren Alltag kann man mit zwei lateinischen Worten beschreiben: „Ora et labora", das heißt: „Bete und arbeite." Siebenmal beten wir gemeinsam am Tag. Morgens früh um vier Uhr aufzustehen, dass fällt mir immer noch nicht so leicht! Das letzte Mal beten wir zur Mitternachtsmesse.

Wir bauen fast alles, was wir zum Leben benötigen, selbst an. Manche Brüder kennen sich mit etwas besonders gut aus, zum Beispiel mit unseren Heilpflanzen. Sie stellen Heilsalben her und pflegen Kranke.

Ich arbeite im Skriptorium, das ist die Schreibstube des Klosters. Ich kopiere Bibeln, Gebetsbücher und theologische Schriften mit der Hand. Für die Abschrift eines Neuen Testaments auf Pergament brauche ich viele Monate. Nach mir bearbeitet noch ein anderer Bruder die Bücher. Er versieht meine Texte mit wunderschönen Initialen – das sind die Großbuchstaben am Anfang einer Seite – und mit Bildern und Mustern.

- Einer von euch schlüpft in die Rolle von Lorentz. Die anderen stellen ihm Interview-Fragen. Bereitet Fragen und Antworten so vor, dass ihr das Interview vorspielen könnt.

M4.6 Arbeitsblatt *Unfrei*

Lest gemeinsam von Michaela, der „Leibeigenen". Lest auch die Info-Blätter zum Mittelalter. *(Und wenn möglich: Recherchiert im Internet: http://www.kinderzeitmaschine.de/mittelalter/lucys-wissensbox/kategorie/reich-und-regierung-von-kaisern-und-koenigen-fuersten-und-freien-staedten/frage/warum-zog-es-die-menschen-vom-land-in-die-stadt.html?no_cache=1&ht=4&ut1=11)*

Ich bin Michaela.
Ich bin keine freie Bäuerin, sondern eine Leibeigene, wie es meine Mutter war und wie es jetzt auch meine Töchter sind.
Wir müssen den Grundherrn den Leibzins zahlen, damit er uns beschützt, und wenn die Ernte nicht gut ist, wissen wir nicht, woher wir das Geld nehmen sollen.
Außerdem will er im Jahr 15 Eimer Bier, 1 Schwein, unzählige Laibe Brot, Hühner und Eier von uns.
Dafür schuften wir vom Sonnenaufgang bis zum Sonnenuntergang …
Und außerdem müssen wir alle drei Tage in der Woche auf dem Hof des Herrn Dienst tun.
Nur im Winter haben wir mal ein bisschen Ruhe. Eigentlich habe ich ja auch schon viele Jahre gearbeitet und meine Glieder schmerzen. Aber ruhig an der Ofenbank zu sitzen und nichts zu tun? Das geht nicht, das können wir uns nicht leisten!

In Orientierung an Gaby Deibert-Dam, in: Gottfried Orth (Hg.), Luther in der Gemeinde, Göttingen 2013

- Einer von euch schlüpft in die Rolle von Michaela. Die anderen stellen ihr Interview-Fragen. Bereitet Fragen und Antworten so vor, dass ihr das Interview vorspielen könnt.

M4.11

Station 1 *„Angst“*

- Wenn möglich: Besuche die erste Station des Lutherspiels (www.kirche-entdecken.de/lutherspiel/): Lies die Informationen und spiele das Spiel.
- Sonst (oder zusätzlich): Ziehe das Info-Blatt „Luthers Gelübde“ zurate.

In Todesangst gab Luther sein Versprechen:
„Hilf, heilige Anna, ich will ein Mönch werden!“

Er kommt davon. Er will sein Wort halten. Seine Familie und seine Freunde beraten ihn …

Berate du ihn auch:

- Für den Laufzettel: Wie dachte Martin Luther von sich selbst? Wie dachte er von Gott?

M4.12

Station 2 „*Dienst*"

- Wenn möglich: Besuche die zweite Station des Lutherspiels (www.kirche-entdecken.de/lutherspiel/): Lies die Informationen und spiele das Spiel.
- Sonst (oder zusätzlich): Ziehe das Info-Blatt „Luther im Kloster" zurate.

4:00	Gebet: Laudes	
4:30 bis 6:00	Arbeit im Klostergarten	
6:00	Morgengebet: Prim	
6:30 bis 8:00	Beratungen, Beichte, Strafen	
8:00 bis 9:00	Krankenpflege	
9:00	Stundengebet: Terz	
10:00 bis 12:00	Studium und Lesung	
12:00	Stundengebet: Sext	
12:30	Mittagessen, schweigendes	
13:00 bis 15:00	Mittagsruhe	
15:00	Stundengebet: Non	
15:30 bis 18:00	Betteln in der Stadt	
18:00	Stundengebet: Vesper	
19:00 bis 21:00	Studium und Lesung	
21:00	Abendgebet: Komplet	
21:00 bis 0:00	Ruhezeit	
0:00	Mitternachtsmesse	
0:30 bis 4:00	Ruhezeit	

- Das ist Luthers „Stundenplan" – schreibe daneben, was du für gewöhnlich zur selben Zeit tust …
- Markiere die Zeiten in Luthers Tageslauf, die dir am schwersten fallen würden – was würdest du stattdessen gern – im Kloster (!) – tun?

- Für den Laufzettel: Was gefällt dir am Leben im Kloster, was nicht?

M4.13 Station 3 *„Befreiung“*

- Wenn möglich: Besuche die dritte Station des Lutherspiels (www.kirche-entdecken.de/lutherspiel/): Lies die Informationen und spiele das Spiel.
- Sonst (oder zusätzlich): Ziehe das Info-Blatt „Luthers Entdeckung“ zurate.

- Verfasst eine Geschichte. Bedingung: Die sechs Wörter aus dieser Wortwolke sollen darin vorkommen.

- Vergleicht diese Wortwolke mit der darüber. Erzählt eure Geschichte mit den neuen Stichwörtern. Was verändert sich?

- Für den Laufzettel: Was hat Martin Luther entdeckt? Was glaubst du: Hat er recht?

M4.14

Station 4 *„Flucht“*

- Wenn möglich: Besuche die vierte Station des Lutherspiels (www.kirche-entdecken.de/lutherspiel/): Lies die Informationen und spiele das Spiel.
- Sonst (oder zusätzlich): Ziehe das Info-Blatt „Luthers Flucht“ zurate.

Man muss zu seinem Wort stehen …	**Man sollte auch mal nachgeben können …**

- Finde Situationen zum Standhalten bzw. Nachgeben.

____

____

- Für den Laufzettel: Warum konnte sich Martin Luther mit dem Kaiser nicht einigen? Was denkst du: Was hätte Martin anders machen können?

M4.15

Station 5 „*Bibel*“

- Wenn möglich: Besuche die fünfte Station des Lutherspiels (www.kirche-entdecken.de/lutherspiel/): Lies die Informationen und spiele das Spiel.
- Sonst (oder zusätzlich): Ziehe das Info-Blatt „Luther als Bibelübersetzer“ zurate.

Luther-Deutsch	**Mein Deutsch**
Am Anfang schuf Gott Himmel und Erde. Und die Erde war wüst und leer, und es war finster auf der Tiefe; und der Geist Gottes schwebte auf dem Wasser. Und Gott sprach: Es werde Licht! und es ward Licht. 1 Mose 1,1–3	
Wohl dem, der nicht wandelt im Rat der Gottlosen noch tritt auf den Weg der Sünder noch sitzt, da die Spötter sitzen, sondern hat Lust zum Gesetz des HERRN und redet von seinem Gesetz Tag und Nacht! Der ist wie ein Baum, gepflanzt an den Wasserbächen, der seine Frucht bringt zu seiner Zeit, und seine Blätter verwelken nicht; und was er macht, das gerät wohl. Psalm 1,1–3	
Und der Engel sprach zu ihnen: Fürchtet euch nicht! siehe, ich verkündige euch große Freude, die allem Volk widerfahren wird; denn euch ist heute der Heiland geboren, welcher ist Christus, der HERR, in der Stadt Davids. Und das habt zum Zeichen: ihr werdet finden das Kind in Windeln gewickelt und in einer Krippe liegen. Lukas 2,10–12	

Aus der Lutherbibel 1912

- Deutsch damals und Deutsch heute – das ist nicht ganz dasselbe ... Ihr könnt Luthers Arbeit damals nachvollziehen, indem ihr selbst zu Bibelübersetzern werdet.
- Übersetzt eine der drei zitierten Stellen in eure eigene Sprache.
- Für den Laufzettel: Worauf musst du beim Übersetzen achten? Was heißt das: „dem Volk aufs Maul schauen“?

M4.21

Laufzettel *„Stationen Luther“*

Station 1	Wie dachte Martin Luther von sich selbst? Wie dachte er von Gott?

Station 2	Was gefällt dir am Leben im Kloster, was nicht?

Station 3	Was hat Martin Luther entdeckt? Was glaubst du: Hat er recht?

Station 4	Warum konnte sich Martin Luther mit dem Kaiser nicht einigen? Was denkst du: Was hätte Martin anders machen können?

Station 5	Worauf musst du beim Übersetzen achten? Was heißt das: „dem Volk aufs Maul schauen“?

M 4.22

Lied *Martin-Luther-Laternenlied*

* 10. November 1483
** 31. Oktober

T: Reinhard Ellsel 2006 (Strophe 1+2: trad)
M: Christian Hählke 2006
Rechte: bei den Autoren

2. Und sing' ein Lied nach altem Brauch
aus voller Brust heraus.
So singend zog Martinus auch
als Kind von Haus zu Haus.

3. Martinus war schon lange groß
und ein berühmter Mann.
Doch sang er weiter froh drauf los,
von dem, was Gott getan.

4. Denn früher litt er große Not
und schweren Seelenschmerz.
Er hatte furchtbar Angst vor Gott.
Ihn klagte an sein Herz:

5. Ich bin vor Gott nicht gut genug,
wie sehr ich mich auch müh'.
Und heftig sein Gewissen schlug
von früh bis spät bis früh.

6. Doch da begriff sein armes Herz:
Für mich lebt Jesus Christ,
der Sohn von Gott, der einst mit Schmerz,
am Kreuz gestorben ist.

7. Der sieht mein Leben in Geduld,
ist mir wie Burg und Trutz.
Denn er vergibt mir meine Schuld
und nimmt mich ganz in Schutz.

8. Martinus hat mir Mut gemacht
mit seinem frohen Lied.
So singe ich in dieser Nacht,
dass Gott mich liebt und sieht.

M 4.27

Lied *Der Himmel geht über allen auf*

Text: Wilhelm Willms / Musik: Peter Janssens

M4.28

Arbeitsblatt *„Mit meinem Gott kann ich über Mauern springen"*

Schaut euch den Videoclip des Puppentheaters Radieschenfieber von Matthias Jungermann an (**V1**). Beschreibe die Szenen des Videoclips:

	Ereignis	Was geschieht?	Was hat „Gott" damit zu tun?
1	ein Hindernis		
2	drei Hindernisse		
3	ein hohes Hindernis		
4	ein sehr hohes Hindernis		
5	Wasser		
6	Steinhaufen		
7	Kissen		

M4.29

Arbeitsblatt *„Jesus als Brücke"*

Male die beiden Bilder (**D4.24** und **D4.25**) in eigenen Farben und Formen:

- Beschreibe: Was tut dieser Hirte für seine Schafe? Warum?
- Übertrage: Angenommen, dieser Hirte wäre ein Bild für Jesus ... – Wer sind die Schafe? Was brauchen sie?

(Schreibe auf die Rückseite dieses Blattes.)

M4.30

Lied *Mit meinem Gott kann ich über Mauern springen*

Text + Melodie: Petra Deinhofer

M4.31 Erzählvorlage *Wie Jakob sich den Segen stiehlt*

Jakob ist wieder da! Er hat es doch wirklich gewagt zurückzukommen! Dass ich das noch erlebe! Wie lange ist es her? Wohl beinahe zwanzig Jahre!

Mein Herr war alt und krank, halb blind war er. Er wusste, er würde bald sterben. Da rief er seinen Sohn, Esau, den Älteren von den beiden. Er sagte ihm: „Mach mir noch einmal einen guten Braten. Dann will ich dich segnen. Du sollst mein Erbe sein, wie es Brauch ist."

Ich habe gesehen, was geschah. Ich habe gesehen, wie sich der Jüngere hineinstahl, Jakob, ins Zelt meines Herrn. Seine Mutter, Rebekka, die Schöne und Kluge: Sie hat ihn geschickt. „Hol dir, was dir zusteht", hat sie dem Jüngeren zugeflüstert. Jakob, ihrem Liebling. Weiß sie denn nicht, dass der Segen des Vaters nur einem zusteht – dem Älteren?

Der Jüngere hat sich segnen lassen. Er hat, wenn ihr mich fragt, den Segen gestohlen. Und dann – hat es ihm nichts genützt. Er musste fliehen. Denn der Ältere, Esau: Ja, der schwor Rache. Wie lange ist das her! Wohl beinahe zwanzig Jahre.

Und jetzt, jetzt ist Jakob wieder da. Boten haben es gemeldet. Und Esau, der Ältere – er ist inzwischen mein Herr: Esau macht sich auf, um seinem Bruder zu begegnen. Ich zittere, wenn ich daran denke. Ich höre Waffen klirren. Ich sehe Blut. Ja, ich kann es riechen. Spät bekommt Esau seine Rache.

Ich habe es gesehen. Ich bin den Kriegern gefolgt. Ich habe es gesehen: Wie Esau mit seinen Kriegern am Fluss stand. An unserem Ufer. Und drüben, am anderen Ufer: der Segensdieb. Mit leeren Händen. Seine Familie und seine Herden hat er zurückgelassen. Seine Geschenke hat er vorausgeschickt.

Ich sehe es: Langsam watet er durchs Wasser. Er ist alt geworden. Er hinkt. Und dann verneigt er sich sieben Mal. Sieben Mal vor meinem Herrn. Esau wartet. Dann aber ... breitet er die Arme aus. Und schlingt sie um seinen Bruder.

Er ist wieder da, Jakob, der Segensdieb. Dass ich das noch erlebe. Und siehe: Ich sehe, wie der Segen wirkt: Versöhnung hat er bewirkt. Vergebung aus lauter Liebe.

Nach 1 Mose 27 und 33

M4.32

Bibelblatt Jakob

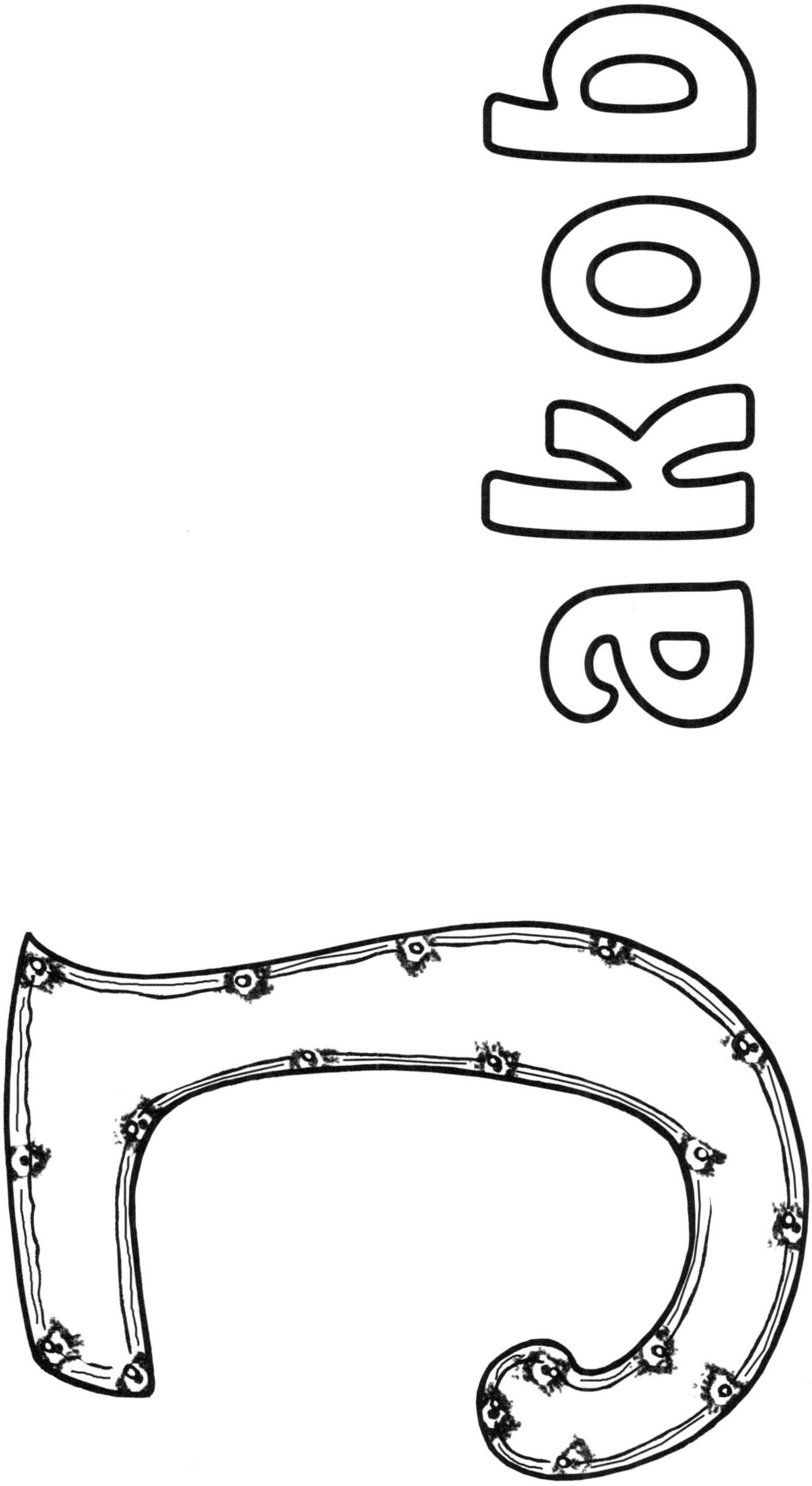

M5.6

Fantasiereise *„Heiliges Land"*

Sitzt du bequem? Leg deine Alltagshaut ab, lass sie zurück. Komm, flieg mit mir, flieg über Städte, Flüsse, das Mittelmeer, ja, in den Süden geht es. Und nach Osten. Spürst du es? Die Luft wird wärmer und weicher. Ein Duft steigt dir in die Nase, würzig, geheimnisvoll. Es ist der Duft des Orients. Des Ostens. Ja, auch des Heiligen Landes: Kanaan, Palästina, Israel – es ist Gottes eigenes Land. Ob er durch Mose, durch Christus oder durch den Propheten Mohammed angerufen wird ... es ist doch schließlich der Eine.

Spürst du mehr? Spürst du Hitze? Ja, die warme, weiche Luft – jetzt ist sie heiß geworden. Die Sonne brennt. Sie färbt das Land unter dir gelb. Weiter in der Ferne, im Osten, siehst du Grün. Und Blau. Das Blaue sind zwei breite Flüsse wie Bänder. Das Grüne dazwischen sind Gärten. Sie leben vom Wasser. Unter der Sonne.

Unter dir aber, das Land ist gelb. Trocken, steinig. Flieg etwas tiefer. Sieh es dir genau an, dieses Land der Bibel und des Koran: kleine Dörfer siehst du, große Herden, Ziegen und Schafe, von Hunden und von ihrem Hirten bewacht. Du siehst ein Lager. Keine Häuser, sondern Zelte. Tuch und Teppich. Ringsum eine kleine blaue Wasserstelle.

Du fliegst noch weiter nach Osten, auf das Grün zu. Aber vor dem Grün liegt ein breiter, weiter Streifen Gelb – helles, die Sonne aufsaugendes Gelb. Es ist Sand, tiefer Sand. Es ist Wüste. Siehst du die Karawane? Kamele, hoch beladen mit Waren aus dem Fernen Osten. Stetig zieht sie westwärts. Sie wird ihr Ziel heute nicht mehr erreichen. Nicht Israel, nicht Jericho oder Jerusalem.

Unter dir siehst du die Herberge, eine Karawanenstation. Eine Mauer, ein geschlossenes Viereck. Darin ein Brunnen. Schatten. Speisen und Getränke.

Doch nun, schau da: Wanderer in der Wüste, einsam und ohne Reittiere. Sie gehen zu Fuß, sie schleppen sich vorwärts. Haben sie sich verlaufen? Haben sie die Karawane verloren? Den Weg? Spürst du, wie heiß ihnen ist? Wie müde sie sind? Wie durstig ... Werden sie die Karawanenstation erreichen? Rechtzeitig erreichen, bevor sie die Sonne verbrennt ...?

Du hast genug von diesem Flug? Ja, gewiss, das kann ich gut verstehen. Dann komm, komm zurück. Komm zurück ins Klassenzimmer, auf deinen Stuhl. Setze die Füße fest auf den Boden. Zieh deine Alltagshaut wieder an. Schau dich um. Alles, was du gesehen und gespürt hast, ist fort. Außer vielleicht ... kann es sein: Du hast Durst?!

 |

M5.7

Lied *Ein Brunnen in der Wüste*

STROPHE 1

Text: Rolf Krenzer
Musik: Peter Janssens

STROPHE 2

Ein Brunnen
in der Wüste
macht die Wüste schön.
Sein Wasser hier
stärkt Mensch und Tier,
schenkt jedem,
der erschlafft,
gleich wieder
frische Kraft.

STROPHE 3

Ein Brunnen
in der Wüste
macht die Wüste schön.
Es muss stets rein
sein Wasser sein,
dass morgen
jeder dann,
noch davon
trinken kann.

STROPHE 4

Ein Brunnen
in der Wüste
macht die Wüste schön.
Wer müd und matt
dann Wasser hat,
darf Gott,
dem Herrn, allein
von Herzen
dankbar sein.

M5.8

Arbeitsblatt *„Wüste“*

Moses Gehilfe, Josua, erzählt von der Wüstenwanderung des Volkes Israel:

Wir wandern weiter und weiter. Nichts als Wüste ist um uns her. Der Zug kommt langsam und schleppend voran. „Josua“, sagt Mose, „was sagen Israels Kinder? Ich höre doch, wie sie flüstern und murren.“ „Herr“, sage ich, „sie haben furchtbaren Durst. Finde Wasser für sie, eine Quelle. Sonst zweifeln sie an der Macht deines Stabs.“

„Wasser!“, ruft einer plötzlich. Er ist dem Zug ein wenig voraus. „Ich sehe Wasser! Da ist eine Quelle!“ Die noch Kraft haben, rennen. Ich bleibe bei Mose. Er braucht mich, um Ordnung zu halten im Zug. Wir sehen sie hasten, jubelnd und durstig. Wir sehen: Sie prallen zurück. Dann stehen sie starr wie Stein.

„Was ist? Warum trinkt ihr nicht?“, fragt Mirjam, als wir die Quelle erreichen. „Bitteres Wasser“, sagt eine der Frauen. In ihren Augen sind Tränen. Sie legt eine Hand auf Moses Arm. „Oh Gott, das ist unser Ende.“ „Es ist keine Macht mehr in Moses Stab!“ So murren die Alten. „Sein Gott – Ich bin da – hat ihn verlassen.“

Martina Steinkühler, Die Bibel spricht, S. 114 © 2011, Vandenhoeck & Ruprecht GmbH & Co KG, Göttingen

- Lest den Textabschnitt laut und mit verteilten Rollen.
- Welche Gefahr der Wüste wird beschrieben? Und welche Gefahren kennt ihr noch?
- Der Text verrät auch etwas über die Wirkung der Wüste; über die Gefühle der Menschen, die in der Wüste unterwegs sind. Nennt sie.
- Erzählt eine eigene Wüstengeschichte. Die Gefahren und Gefühle, die ihr gesammelt habt, sollen darin vorkommen.

 |

M5.9

Arbeitsblatt *„Stadt“*

Der Prophet Micha kommt nach Jerusalem; er erzählt:

So ging ich dann zum ersten Mal durch
Davids Stadt Jerusalem. Ich fand sie reich und
schön. Ich sah die viel besungenen Frauen,
mit bunten Kleidern, Schminke, Schmuck
mit stolzem Schritt zum Marktplatz gehen.

Ich sah die Männer aus den großen Häusern.
Sie trieben Opfertiere zum Altar. Und beteten
voll Stolz: „Dank, Gott, für unser Gold. Und
deinen wunderbaren Schutz. Nicht mal Assyrien
in seiner Macht kann uns gefährlich werden.“

Ich sah die Männer wiederkehren, ganz ohne
ihre Tiere. Sie hatten sie für Gott verbrannt.
„Wie gut, dass Gott uns lieber hat als die elf
andren Stämme! Mit uns wird's nie zu Ende
gehen. Wir bringen Gott genug Geschenke.“

Dann kam ich an, wohin ich sollte. Welch ein
Palast! Wie blendend schön! Die Not der Diener
übersah ich. Und neigte mich tief vor dem Herrn …

Martina Steinkühler, Die Bibel spricht, S. 236

- Lest den Textabschnitt laut. – Seht ihr Bilder?
- Skizziert die Stadt, die ihr vor euch seht.
- Lest zwischen den Zeilen: Entdeckt ihr Gefahren der Pracht und der Sicherheit?
- Erzählt von einem armen Mann, der in Jerusalem sein Glück sucht … Folgende Stichwörter sollen vorkommen: *reich, prächtig, stolz.*

Arbeitsblatt „*Nomaden*"

M5.10

„Nomaden" haben keinen festen Wohnsitz. Sie ziehen mit ihren Herden von Weideplatz zu Weideplatz. Die Schafe und Ziegen liefern ihnen Milch und Fleisch als Nahrung, Leder und Wolle für ihre Kleidung und für die Zelte. Andere Dinge, die sie brauchen, z. B. Werkzeuge und Waffen, tauschen sie von den sesshaften Völkern gegen ihre Waren ein.

Im Nomadenlager

Die Sonne steht schon hoch am Himmel. Durch einen Spalt am Zelteingang scheint sie Benjamin mitten ins Gesicht. Benjamin räkelt sich. Er wirft den Mantel von sich, mit dem er sich nachts zugedeckt hatte und erhebt sich von seiner Matte. Es riecht nach Gras und Erde, nach Dickmilch und frischgebackenem Brot. Staubkörnchen tanzen auf den Sonnenstrahlen. Benjamin zieht den dunklen Hirtenmantel über, den Kopf schützt er mit einem Wolltuch vor den brennenden Sonnenstrahlen.

Er schlägt die Zeltdecke zur Seite: Im Nomadenlager herrscht schon reges Treiben. Etwa 80 Zelte sind hier am Rande der Steppe um das Stammzelt angeordnet. Im Stammzelt wohnt der Älteste der Großfamilie mit seiner Frau und deren Mägden. Sein Zelt ist besonders groß. Es hat mehrere Räume: drei für die Männer, zwei oder mehr für die Frauen und Eckplätze für die Mägde. Die „Räume" sind durch Tierfelle voneinander getrennt. Gewebte Teppiche und Matten bedecken den Boden. Das Zelt dient in erster Linie als Schlafplatz.

Das übrige Leben spielt sich im Freien ab: Frauen nähen Zelte aus gewebten schwarzen Ziegenhaaren; andere zerreiben zwischen zwei Steinen Gerstenkörner zu Mehl. Die Frauen vermengen Salz, Wasser und Mehl zu einem Teig. Die dünnen Fladen backen sie auf glühender Asche oder auf einer heißen Steinplatte. Benjamin läuft schon das Wasser im Mund zusammen; er hat Hunger und freut sich auf das Frühstück …

Hans Freudenberg (Hg.), Religionsunterricht praktisch 1, 8. Aufl., S. 86 © 2011, Vandenhoeck & Ruprecht GmbH & Co KG, Göttingen

- Lest den Textabschnitt laut. – Seht ihr Bilder?
- Skizziert, was ihr seht.
- Erzählt weiter von Benjamins Tag – ihr dürft gern ein paar Personen (oder Tiere) dazu erfinden.

M5.11

Arbeitsblatt *„Handel"*

Von alters her haben Menschen Handel getrieben. Seide, Gewürze, Weihrauch und Edelsteine kamen aus dem Fernen Osten nach Europa. Im Krieg marschierten zwischen Ägypten im Süden und den Reichen im Norden Heere und in Friedenszeiten zogen Händler dazwischen ihre Wege. Da diese unsicher waren, reiste man lieber in Gesellschaft: zu Fuß, mit Lasttieren und Reittieren. Für solche ***Karawanen*** gab es feste Rastplätze, ***Karawansereien:*** Ruhe und Nahrung für Mensch und Tier.

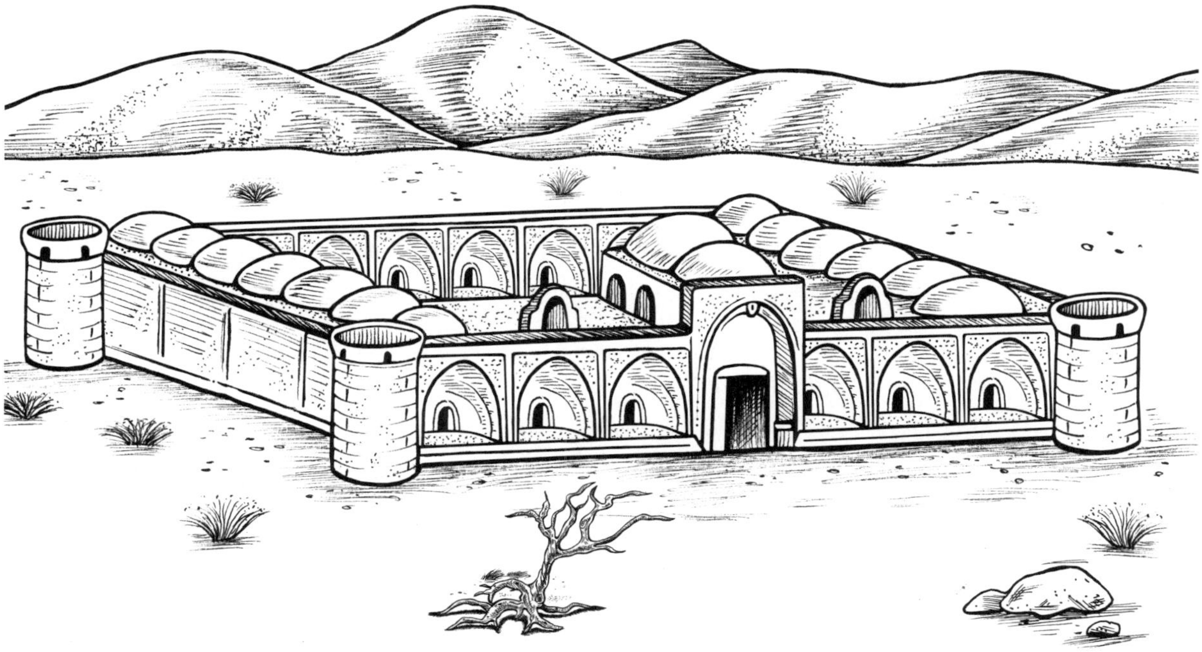

Ihr seid die Kinder eines ägyptischen Händlers. So gern würdet ihr ihn einmal auf seiner langen Reise zu den Märkten des Nordens begleiten. Gerade wurde wieder eine Karawane zusammengestellt; auch euer Vater wird mitgehen. Und ihr?

- Denkt euch einen Weg aus, heimlich mitzureisen – und ein paar Abenteuer, die euch unterwegs begegnen. Ihr könnt abwechselnd erzählen …

M5.15

Arbeitsblatt *„Sara"*

Sara lebt in Jerusalem. Sie ist Jüdin. Sara hat zwei Freundinnen, Madlen und Niyousha. Madlen ist Christin, Niyousha ist Muslima. Sie haben viel Spaß miteinander. Aber Sara nimmt ihre Religion ernst und so lassen die drei dieses Thema meistens aus.

Hinweise 1

- ☆ „Einer unserer wichtigsten Propheten ist Mose. Mose hat uns Gottes Willen offenbart. Ohne Mose gibt es keinen richtigen Glauben."
- ☆ „Das Judentum ist sehr alt. Christen und Muslime haben sozusagen von uns ‚geklaut' Wir sind das Original."

Wie Sara äußern sich in dem Film *Schnitzeljagd im Heiligen Land* auch andere Jüdinnen und Juden über ihren Glauben.

Hinweise 2

- ☆ Roni (aus Hebron) sagt: „Jüdisch zu sein ist für mich etwas ganz Besonderes. Ich spüre, dass es meine Aufgabe ist, den Namen Gottes in der Welt zu heiligen."
- ☆ Roni sagt: „In der Synagoge fühle ich mich den Vorfahren meines Volkes ganz nahe: dem Patriarchen Abraham und König David ..."
- ☆ Roni sagt: „Es ist nicht einfach, jüdisch zu sein. Es ist, als wärst du mit der Aufgabe geboren, Gottes Namen in der Welt zu verbreiten. Wir nennen das: ein Licht für die Völker sein."
- ☆ Roni sagt: „Unser heiliges Buch, die Tora, enthält die ganze Geschichte unseres Volkes und alle Gesetze und Regel, nach denen wir leben sollen. Der Toraschrein in der Synagoge ist reich geschmückt; das zeigt, wie sehr wir die Tora verehren und schätzen."
- ☆ Oshri sagt: „Für mich ist Gott jemand, der über einem steht und zu dem man beten kann. Man fühlt sich gut damit, wenn man einen hat, zu dem man beten kann."
- ☆ Oshri sagt: „Ich mag den Sabbat* sehr. Man fühlt sich Gott näher."

*Sabbat = Ruhetag der Juden; nach 1 Mose 2,3 von Gott selbst geheiligt.

○ Versuche, dich in einen Juden / eine Jüdin hineinzufühlen: Was ist ihm / ihr wichtig am Judentum und an der Tora? – Sprich als „Sara" von deinem Glauben.

 |

M5.16

Arbeitsblatt „*Niyousha*“

Niyousha lebt in Jerusalem. Sie ist eine moderne, weltoffene Muslima. Sie ist fröhlich und unternehmungslustig und hat kein Problem damit, mit Jüdinnen und Christinnen befreundet zu sein. Trotzdem ist sie von der Wahrheit ihrer Religion überzeugt.

Hinweise 1

- ☆ „Der *Islam* ist frisch und lebendig. Das Alte ist überholt. Es ist das Neue, was zählt.“
- ☆ „Unser Prophet Mohammed musste kommen und das Chaos ordnen, das die anderen Religionen mit der Heiligen Schrift angerichtet haben. Im Koran steht das wahre Wort Gottes.“

Wie Niyousha äußern sich in dem Film *Schnitzeljagd im Heiligen Land* auch andere Musliminnen und Muslime über ihren Glauben.

Hinweise 2

- ☆ Haitham sagt: „Ich glaube an Gott und an den heiligen Koran. Er führt mich; ich kann nicht ohne ihn leben.“
- ☆ Haitham sagt: „Ich glaube, dass Gott das ganze Universum geschaffen hat, und niemand außer Gott kann es lenken.“
- ☆ Juwan sagt: „Der Prophet Mohammed ist alles für mich. Ich folge ihm.“
- ☆ Juwan sagt: „Wir beten fünfmal am Tag.“
- ☆ Juwan sagt: „Die al-Aqsa-Moschee ist sehr schön. Ich bin stolz darauf, dass sie in Jerusalem ist. Hier hat der Prophet Mohammed seine Nachtreise erlebt; mit allen Propheten hat er hier gebetet.“

○ Versuche, dich in einen Muslim / eine Muslima hineinzufühlen: Was ist ihm / ihr wichtig am *Islam*, dem Propheten und dem Koran? – Sprich als „Niyousha“ von deinem Glauben.

M5.17

Arbeitsblatt *„Madlen“*

Madlen lebt in Jerusalem. Sie ist Christin, aber weder evangelisch noch katholisch. Sie gehört einer sehr alten christlichen Kirche an, der armenischen. Madlen wohnt mit ihren Eltern und einer jüngeren Schwester an der Via Dolorosa, der Straße, auf der Jesus mit dem Kreuz hinauf zur Richtstelle Golgata gegangen ist.

Hinweise 1

- ☆ Madlen zeigt eine Stelle in der Mauer, wo Jesus sich abgestützt haben soll, als ihm das Kreuz zu schwer wurde.
- ☆ Madlen erzählt, dass das Pflaster der Via Dolorosa sehr, sehr alt ist. Ihr gefällt die Vorstellung, da zu gehen, wo auch Jesus schon gegangen ist.
- ☆ Madlen sieht täglich Menschen aus aller Welt, die zur Via Dolorosa kommen, um an Jesus zu denken und ihm nahe zu sein.
- ☆ Madlen geht jeden Sonntag zum Gottesdienst. Die Kirche liegt ganz in der Nähe ihrer Wohnung. Ihre Eltern sind dort getraut worden und es ist ihre Tauf-Kirche.
- ☆ Madlen sagt: „Ich kann mir ein Leben ohne Gott nicht vorstellen.“

Madlen hat zwei Freundinnen, Sara und Niyousha. Sara ist Jüdin, Niyousha ist Muslima. Madlen sagt, das sei kein Problem. Aber manchmal bekommen die drei doch Streit darüber, welche Religion die „richtige“ sei ...

Hinweise 2

- ☆ Madlen sagt: „Christus ist am coolsten. Er hat sich nämlich persönlich um alle gekümmert, denen es schlecht geht.“
- ☆ Madlen sagt: „Das Christentum ist die größte Religion. Und woran die meisten glauben, das ist doch wohl das Richtige.“

○ Versuche, dich in einen Christen / eine Christin hineinzufühlen: Was ist ihm / ihr wichtig an Jesus Christus, an der Kirche und am Christentum? – Sprich als „Madlen“ von deinem Glauben.

M5.18

Lied *Hevenu shalom alechem*

Volkslied aus Israel

Hevenu shalom alechem,
Hevenu shalom alechem,
Hevenu shalom alechem,
Hevenu shalom alechem,
Shalom alechem.

Deutsch:
Wir wollen Frieden für alle,
Wir wollen Frieden für alle,
Wir wollen Frieden für alle,
Wir wollen Frieden, Frieden, Frieden für die Welt.

M5.22 „Die Tränen des Kamels"

Nacherzählung

Es war einmal ein Kamel, das trug Jahr um Jahr und Tag für Tag Waren durch die Wüste für seinen Herrn, den Händler Halim. Der Weg war weit und beschwerlich. Er führte von der Oase Al-Hasa nach Dschiddah am Meer.

Das Kamel trug Pakete und Bündel, prall gefüllt mit Datteln, Gewürzen, Seide, Wolle und Silber. Vor jeder Reise kniete das Kamel nieder und Halim stieg auf und setzte sich zwischen die Waren. Dann stand das Kamel auf und machte sich auf den Weg.

Das Kamel stieg Dünen hinauf und hinab. Die Sonne brannte. Es kam ins Straucheln. Aber niemals stürzte es. Das hätte den Waren geschadet. Halim brüllte das Kamel an, damit es sich beeilte. Denn er wollte vor dem Abend in der Stadt sein.

Das Kamel war alt geworden. Es blickte zurück auf ein Leben voller Mühen. Auf und ab durch endlose Meere aus Sand. Halim gönnte ihm weder Ruhe noch Rast. Und waren sie am Ziel, so ließ er es stehen, wie es war, in der heißen Sonne, mit Schaum vor dem Maul – und trat selbst in den Schatten und tätigte seine Geschäfte.

Und dann geschah es, eines Tages, mitten in der Wüste, unter der sengenden Sonne: Dem Kamel stiegen Tränen in die Augen. Es blieb stehen, selbst ganz verwundert, und seufzte. Was für ein Leben, dachte es wohl. Nichts als Mühsal und Einsamkeit. Halim stieg ab, um zu sehen, was los war. Als er nichts weiter sah als ein müdes Kamel, stieg er wieder auf. „Mach schon", sagte er nur. „Je eher wir da sind, desto eher kannst zu trinken."

Das Kamel zeigte seine Trauer nicht mehr. Aber sie war da. Und sie wich nie mehr. Nachts, wenn Halim schlief, seufzte das Kamel. Was für ein Leben, dachte es wohl. Nichts als Mühsal und Einsamkeit. Und niemand, mit dem ich sie teile. Denn Halim merkte nichts. Tagsüber ritt er, nachts schlief er. Ganz zufrieden.

Eines Tages kamen Halim und sein Kamel nach Medina, die Stadt der Gärten. Es hieß, dass der Prophet dort wohne. Die Ankunft war wie immer: Halim band das Kamel in der heißen Sonne an und begab sich selbst in den Schatten – zum Essen und Ruhen. Ja, er lud nicht einmal seine Waren ab.

*Stunde um Stunde stand das Kamel in der Sonne und wartete. Das sah der Prophet, der tatsächlich in Medina lebte und gerade in seinem Garten spazieren ging. Und als er es sah, hatte er Mitleid. Er ging zu dem Kamel und legte ihm seine Arme um den Hals. Und das Kamel sah ihn an. Und weinte und weinte und hörte nicht mehr auf, bis es alle ungeweinten Tränen vergossen hatte.**

**Anm. für L: Das Kursive würde – gemäß Schritt 3 – zunächst ausgelassen werden und dann nachgetragen.*

 |

Die Tränen des Kamels flossen in dieser Nacht hinüber zu Halim und sie sickerten in Halims Träume. Auf einmal konnte Halim mit den Augen des Kamels sehen. Was für ein Leben ... Nichts als Mühsal und Einsamkeit ... Und Halim begann zu weinen. Die Tränen des Kamels – Halim weinte sie in dieser Nacht.

Am Morgen war es Halim, als sei er dem Propheten begegnet. Und die Tränen der Nacht brannten auf seinen Wangen. Da ging er zu seinem Kamel. Er sah ihm in die Augen. Er streichelte es. Er führte es in den Schatten und tränkte es. „Lass uns noch eine Weile ruhen", sagte er dann. „Das Leben ist doch mehr als Mühsal."

Die Tränen des Kamels von Griffin Ondaatje; mit Bildern von Linda Wolfsgruber, ins Deutsche übersetzt von Uwe-Michael Gutzschhahn, München 2014

M5.23 Brücken bauen *Lebensregeln im Islam und im Christentum*

Der Prophet Mohammed sieht die Trauer und Einsamkeit des Kamels. Er umarmt es und schenkt ihm Anteilnahme. Er öffnet durch seine Nachfrage dem Besitzer Halim die Augen.

- Hat er ein Wunder getan?

Legende und Lehre über die Behandlung von Tieren im Islam

Einmal sprach der Prophet von der Gnade von Gottes Vergebung aufgrund der menschlichen Behandlung der Tiere. Er erzählte seinen Gefährten die Geschichte von einem Mann, der auf der Reise sehr durstig geworden war. Er fand einen Brunnen, kletterte an dessen Innenseite hinab und stillte seinen Durst. Als er herauskam, sah er einen hechelnden Hund, der vor Durst den Schlamm aufleckte. Der Mann sagte zu sich selbst: „Dieser Hund ist genauso durstig wie ich es war." Da kletterte der Mann in den Brunnen zurück und holte dem Hund Wasser. Gott erkannte sein gutes Werk an und vergab ihm dafür seine Sünden. *(Sahieh Al-Bukhari)*

Einmal kam der Prophet, Gottes Segen und Frieden sei auf ihm, an einem vor Hunger abgemagerten Kamel vorbei und sagte: „Fürchtet Gott in Bezug auf diese Tiere, die ihren Willen nicht aussprechen können. Wenn ihr sie reitet, behandelt sie entsprechend (indem ihr sie stärkt) und wenn ihr sie essen wollt, dann behandelt sie entsprechend (indem ihr sie fett und gesund macht)." *(Abu Dawud)*

Jesus sieht die Einsamkeit eines Mannes, den die Gesellschaft ausgestoßen hat. Wie ein Tier haust er in den Höhlen am Ufer des Sees. Jesus geht zu ihm und nimmt ihn in der Arm, bis er ruhig wird. Es heißt: Seine bösen Geister hat Jesus vertrieben.

- Hat er ein Wunder getan?

Legenden über Franz von Assisi, Gründer des katholischen Franziskaner-Ordens

Einmal hörte Franz von einem einsamen Wolf, der die Stadt Gubbio in Angst und Schrecken versetzte. Franz ging allein hinaus in den Wald und begegnete dem Wolf. Er sah ihn an und sprach mit ihm. Da folgte der Wolf dem Heiligen wie ein treuer Hund. Und er schloss Frieden mit den Einwohnern der Stadt.

Es heißt, dass Franz den Vögeln von Gottes Liebe erzählte. Und die Vögel verstanden ihn.

Franz nannte die Tiere des Waldes „Bruder" und „Schwester" – wie auch das Feuer, die Erde, die Sonne, den Mond und die Sterne ...

- Brücken bauen: Lest und besprecht die verschiedenen Beispiele aus Islam und Christentum.
- Welche Regeln gelten für Mensch und Tier in beiden Religionen? Formuliert einen „Brücken"-Satz.

 |

M5.24

Eine Weihnachtsgeschichte *Die Geschichte vom alten Martin*

„Geh doch zu Martin", sagten die Menschen in der Stadt, wann immer jemand Löcher in den Stiefeln hatte. „Geh zu Martin, dem alten Schuhmacher, das ist der beste weit und breit." „Und der netteste dazu!", fügte dann meistens noch einer hinzu.

Wie Martin zu so einem guten Ruf gekommen ist? Nun ja, so war er wirklich: sorgfältig mit seiner Arbeit, zuverlässig für seine Kunden und freundlich zu jedermann. Er lebte ganz allein in seinem Haus mit Werkstatt. Tagaus, tagein sah man ihn am Fenster sitzen und arbeiten. Und hin und wieder schaute er hinaus.

Einmal, kurz vor Weihnachten, sah Martin, der alte Schuhmacher, draußen den alten Leo, wie er Schnee fegte. Und als er sah, dass Leo fror und hustete, lief er rasch zur Tür und öffnete sie. „Komm, Leo, komm doch herein! Trink eine heiße Tasse Tee mit mir! Du holst dir noch den Tod!"

Am gleichen Tag, etwas später, als Martin wieder am Fenster saß und hinausschaute, sah er eine junge Frau mit einem Baby auf dem Arm. Und als er sah, wie dünn und wie schwach sie war – und das Baby auch, lief er rasch zur Tür. „Kommt, kommt doch herein! Esst eine warme Suppe und ruht euch aus! Ihr seht so aus, als ob ihr eine warme Decke gebrauchen könntet!"

Am Abend des gleichen Tages, als Martin schlafen gehen wollte, klopfte ein Junge an die Tür. Martin öffnete ihm. „Herr", sagte der Junge, „darf ich bei Euch schlafen? Seht, mein Weg ist noch weit. Ich schaffe ihn heute nicht mehr." „Na, dann komm herein", sagte Martin freundlich. „Du kannst auf meinem Sofa schlafen."

Dreimal hatte Martin an diesem Wintertag seine Tür geöffnet, dreimal für Menschen, die Hilfe brauchten. Verstehst du jetzt, warum die Menschen in der Stadt sagten: „Martin ist der Beste weit und breit?" – Und: „Der Netteste dazu?"

Ich habe noch etwas gehört: Ich habe gehört: In dieser Nacht hat Jesus im Traum zu Martin gesprochen. Und hat zu ihm gesagt: „Martin, das hast du gut gemacht! Weißt du, das hat mir richtig gut getan."

„Dir, Herr?", fragte Martin wohl ihm Traum. „Dein Tee – wunderbar heiß. Deine Suppe – köstlich!" „Wie kannst du das wissen, Herr?", fragte Martin verwirrt. „Weißt du das nicht, Martin?", fragte Jesus. „Ich bin auf der Seite der Armen." – „Und", fügte er noch hinzu: „Auf der Seite der Freundlichen bin ich auch!" Martin öffnete die Augen und schaute hinüber zu dem Jungen auf dem Sofa. „Dann hoffe ich, Herr", sagte er schmunzelnd: „Du hast es warm und gemütlich?"

Frei nach einer Erzählung von Leo Tolstoi und deren Übertragung durch Björn Steffens (Videoclip auf X-MAS Sampler, DVD educativ von Matthias Film oder unter http://weihnachtliche-geschichten.blogspot.de/)

M5.25

Der Erzählrahmen

Einstieg in die Erzählung

„Geh doch zu Martin“, sagten die Menschen in der Stadt, wann immer jemand Löcher in den Stiefeln hatte. „Geh zu Martin, dem alten Schuhmacher, das ist der beste weit und breit.“ „Und der netteste dazu!“, fügte dann meistens noch einer hinzu.

Wie Martin zu so einem guten Ruf gekommen ist? Nun ja, so war er wirklich: sorgfältig mit seiner Arbeit, zuverlässig für seine Kunden und freundlich zu jedermann. Er lebte ganz allein in seinem Haus mit Werkstatt. Tagaus, tagein sah man ihm am Fenster sitzen und arbeiten. Und hin und wieder schaute er hinaus.

Abschluss der Erzählung

Ich habe noch etwas gehört: Ich habe gehört: In dieser Nacht hat Jesus im Traum zu Martin gesprochen. Und hat zu ihm gesagt: „Martin, das hast du gut gemacht! Weißt du, das hat mir richtig gut getan.“

„Dir, Herr?“, fragte Martin wohl ihm Traum. „Dein Tee – wunderbar heiß. Deine Suppe – köstlich!“ „Wie kannst du das wissen, Herr?“, fragte Martin verwirrt.

Ende 1

„Weißt du das nicht, Martin?“, fragte Jesus. „Ich bin auf der Seite der Armen.“ – „Und“, fügte er noch hinzu: „Auf der Seite der Freundlichen bin ich auch!“ Martin öffnete die Augen und schaute hinüber zu dem Jungen auf dem Sofa. „Dann hoffe ich, Herr“, sagte er schmunzelnd: „Du hast es warm und gemütlich?“

Ende 2

...

M5.26 Szenenskript *„Leo“*

Rollen

Erzähler
Martin
Leo

Kurzbeschreibung

Einmal, kurz vor Weihnachten, sah Martin, der alte Schuhmacher, draußen den alten Leo, wie er Schnee fegte. Und als er sah, dass Leo fror und hustete, lief er rasch zur Tür und öffnete sie. „Komm, Leo, komm doch herein! Trink eine heiße Tasse Tee mit mir! Du holst dir noch den Tod!“

Was dargestellt werden soll

Szene 1: Einführung
Martin sitzt am Fenster.
Draußen: Schnee und Kälte.

Szene 2: Krise
Auftritt Leo: alter Mann mit Schneeschieber, müde, frierend ...

Szene 3: Lösung
Martin geht zur Haustür.
Martin lädt Leo ein.
Leo freut sich.

Szene 4: Happy End
Martin und Leo sitzen beim Tee.
Sie unterhalten sich.
Leo steht auf und verabschiedet sich.
Leo ist dankbar. Jetzt kann er mit neuer Kraft weiterarbeiten.

M5.27 Szenenskript *„Mutter und Kind“*

Rollen

Erzähler
Martin
junge Frau (Mutter mit Kind)

Kurzbeschreibung

Am gleichen Tag, etwas später, als Martin wieder am Fenster saß und hinausschaute, sah er eine junge Frau mit einem Baby auf dem Arm. Und als er sah, wie dünn und wie schwach sie war – und das Baby auch, lief er rasch zur Tür. „Kommt, kommt doch herein! Esst eine warme Suppe und ruht euch aus! Ihr seht so aus, als ob ihr eine warme Decke gebrauchen könntet!“

Was dargestellt werden soll

Szene 1: Einführung
Martin sitzt am Fenster.
Draußen: Schnee und Kälte.

Szene 2: Krise
Auftritt Mutter mit Baby, frierend, müde ...

Szene 3: Lösung
Martin geht zur Haustür.
Martin lädt die Frau ein.
Die Frau nimmt an, dankbar, schüchtern.

Szene 4: Happy End
Die Frau sitzt am Tisch. Martin bringt einen Teller Suppe.
Die Frau und Martin sitzen am Tisch. Martin hat das Baby im Arm, die Frau isst.
Die Frau erzählt, dass sie Arbeit im nächsten Dorf gefunden hat. Da will sie hin. Aber der Weg ist weit und kalt ...
Die Frau verabschiedet sich. Sie ist dankbar. Jetzt kann sie mit neuer Kraft ihren Weg fortsetzen.

M5.28

Szenenskript *„Junge“*

Rollen

Erzähler
Martin
Junge

Kurzbeschreibung

Am Abend des gleichen Tages, als Martin schlafen gehen wollte, klopfte ein Junge an die Tür. Martin öffnete ihm. „Herr“, sagte der Junge, „darf ich bei Euch schlafen? Seht, mein Weg ist noch weit. Ich schaffe ihn heute nicht mehr.“ „Na, dann komm herein“, sagte Martin freundlich. „Du kannst auf meinem Sofa schlafen.“

Was dargestellt werden soll

Szene 1: Einführung
Martin zieht die Gardinen zu.
Draußen: Schnee und Kälte. Dunkelheit.

Szene 2: Krise
Auftritt Junge: klingelt.
Martin öffnet.
Der Junge bittet um Aufnahme über Nacht. Er ist in die Stadt gelaufen, um Medizin für seine Großmutter zu holen. Jetzt ist es dunkel und er schafft es heute nicht mehr zurück.

Szene 3: Lösung
Martin lädt den Jungen ein.
Martin macht dem Jungen ein Bett auf dem Sofa.
Der Junge schläft sofort ein.

Szene 4: Happy End
Martin geht zu Bett.
Er hat einen schönen Traum.

M5.29

Lied *Tragt in die Welt nun ein Licht*

T und M: Wolfgang Longardt 1972

 |

M5.31

Erzählvorlage *Wie Abraham sich aufmachte, den Segen zu suchen*

Ich mag Sara. Sara ist meine Herrin. Ich, ich bin ihr Lamm. Sara hat mich ins Haus geholt, in ihre Küche, ihre Kammer. „Haus-Lamm", sagt Abraham, Saras Mann, wenn er mich sieht. Er lacht. Sara nennt mich „Schneeweiß". Sie sagt, ich bin so weiß wie der Schnee auf den fernen Bergen.

Wenn ich auf Saras Schoß liege, bleiben die Leute von Haran stehen und lachen. Sie reden über mich. Nein, sie reden über Sara: „Wie ein Kind", sagen sie, „Sara hält das Tier wie ein Kind." „Ersatzkind", sagen sie und lachen. Ich weiß, was sie meinen: Sara und Abraham sind alt. Sie sind reich. Sie haben alles, was das Leben schön macht. Aber sie haben kein Kind.

Ich bin gern Saras Kind. Aber ich spüre: Sara tut es weh, das Gerede. Ich mag Sara. Und Abraham, ihren Mann, mag ich auch. Er ist freundlich und ruhig. Aber dann ... Eines Tages ist es mit der Ruhe vorbei. Ich fresse gerade ein paar besonders zarte Kräuter, da kommt Abraham gesprungen wie ein Junge. Sein Gesicht glänzt wie die Sonne.

„Sara!", ruft er, „Sara, wir ziehen fort! Pack alles zusammen! Wir bleiben nicht länger. Wir suchen uns ein besseres Land." Ich verschlucke mich an meinen Kräutern. Ich verstehe Abraham nicht. „Besser als hier", denke ich, „das gibt's nicht."

Sara packt. Und packt. Viel nimmt sie mit. Noch mehr lässt sie zurück. Sie summt ein Lied beim Packen. Ich stehe bei ihr und schaue sie an. „Du kommst auch mit", sagt sie. Und dann ist es so weit. Wir sind aufgebrochen. Sara trägt mich. Abraham und Sara gehen mitten in der Herde. „Sara!", ruft Abraham. „Was sagst du zu unserem Aufbruch?" Sara lacht. „Warum nicht?", sagt sie. „Wenn du einen Plan hast!" Abraham lacht noch mehr. „Einen Plan?", wiederholt er. „Eigentlich nicht." Keinen Plan ... Ich wundere mich. Ich habe gelernt, dass ein Plan für die Zweibeiner etwas Wichtiges ist.

Dann erzählt Abraham eine Geschichte. Und die ist noch viel wunderbarer. Er sagt: „Es ist nicht mein Plan. Es ist der Plan eines Anderen. Das war so: Ich saß am Fluss und dachte nach. Über dich und über mich und über das Kind, das wir nicht haben."

Ihr habt ja mich, denke ich. Sara seufzt und streichelt mein Fell. Abraham erzählt weiter: „Da rief mich eine Stimme." Sara horcht auf. „Eine Stimme, Abraham?" Abraham nickt. „‚Abraham', rief die Stimme: ‚Verlasse dein Vaterland und geh weg von deiner Verwandtschaft. Geh fort in ein Land, das ich dir zeigen will.'"

„Wer war das, Abraham?", fragt Sara. Und Abraham sagt: „Da war niemand. Aber ich glaube: Das war Gott. Und er sagte noch mehr. Er sagte: Ich will dich segnen und du sollst ein Segen sein. Denn siehe: Ich mache dich zu einem großen Volk." Sara schluckt. Ich weiß, was sie denkt: „Ein Kind nur", denkt sie. „Ein einziges Kind."

Ich bin nur ein Lamm. Aber ich wünsche es ihr. Ich wünsche ihr, dass dieser Gott, den Abraham hört, seine Verheißung wahr macht.

Nach 1 Mose 12,1–9

M5.32

Bibelblatt *Abraham*

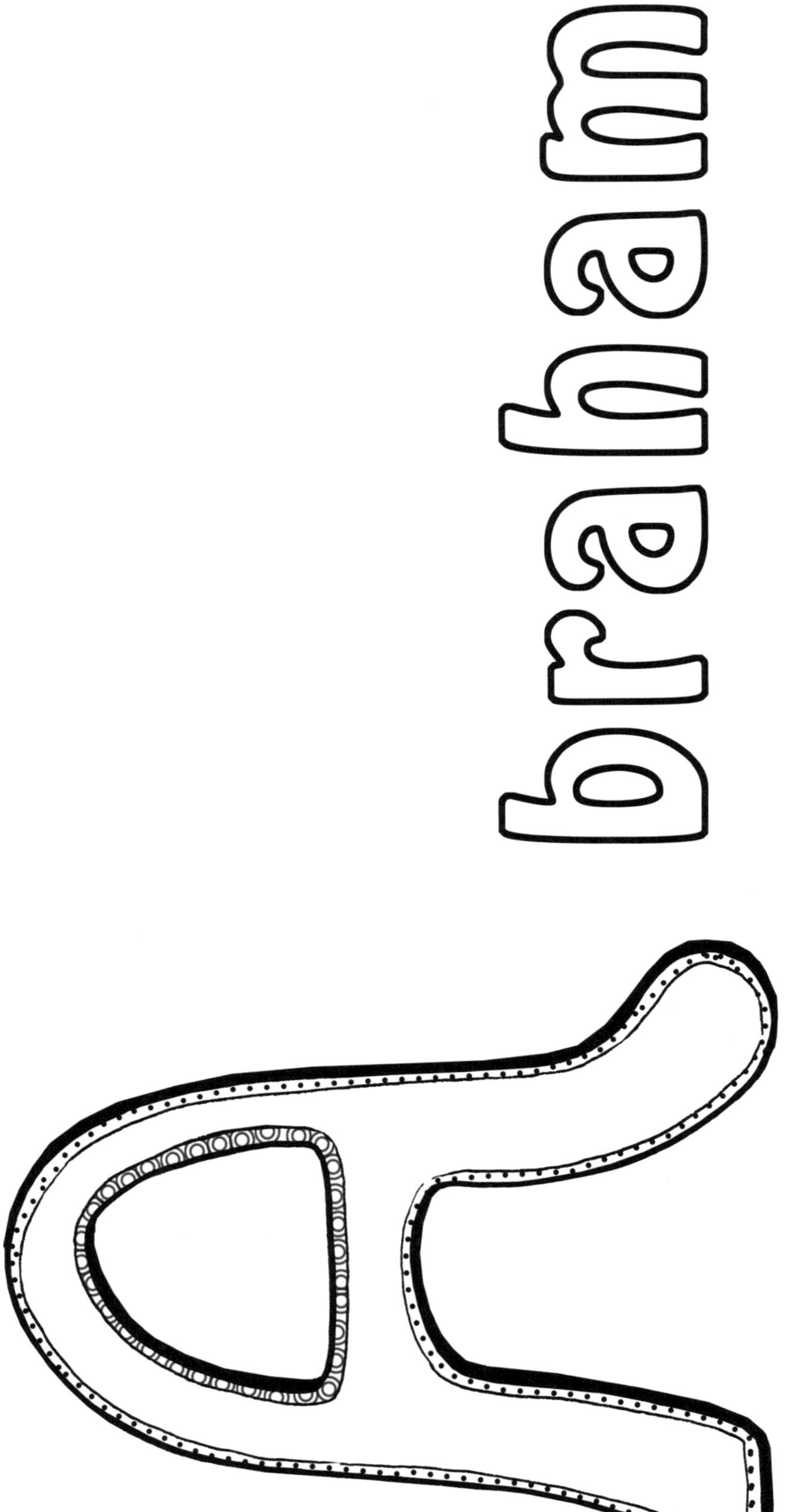

M6.1 Lied *Wir sind alle ein Leib*

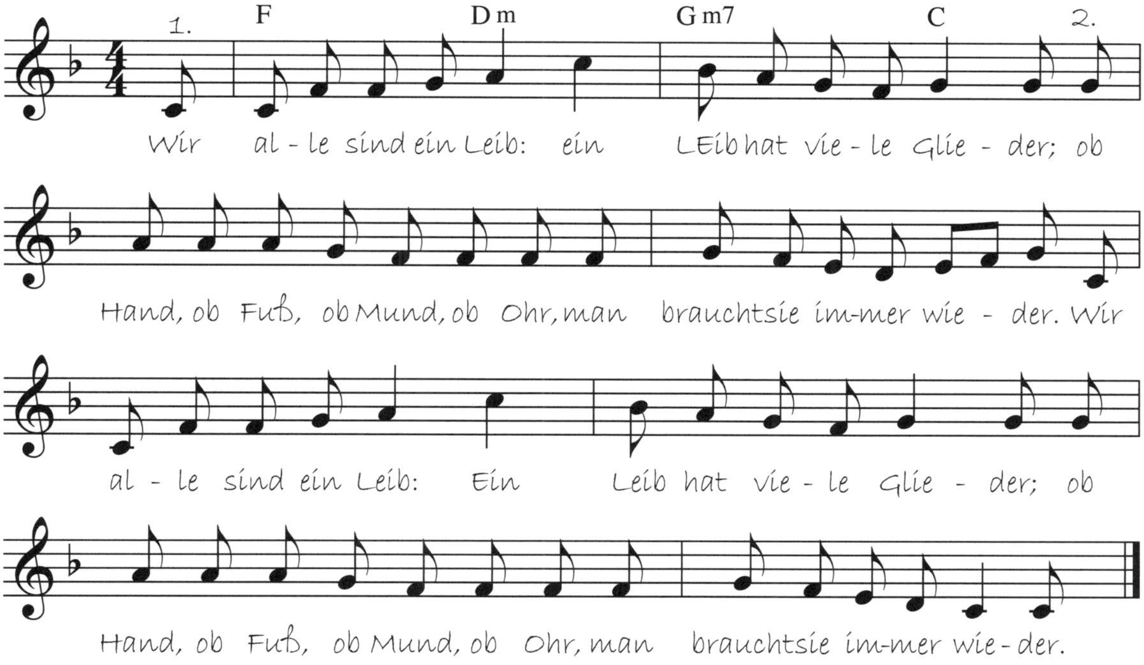

Text: nach 1. Kor. 12, 12-18
Melodie: Siegfried Macht

aus: Siegfried Macht, Kleine Leute - große Töne,
Verlag Junge Gemeinde, Leinfelden-Echterdingen

M6.2

Arbeitsblatt „*Wenn … dann …*"

M6.2a Ham im Glück

Wenn Rhea nicht gewesen wäre, …

Wenn der Bär nicht …

Wenn der Fuchs nicht …

Wenn der Kuckuck nicht …

Wenn Flöckchen nicht …

Wenn Madame Nobia nicht …

Wenn Quentin nicht …

Wenn Pastor nicht …

Wenn Feder nicht …

○ Schreibe passende Fortsetzungen für die angefangenen Sätze. Vergleiche deine Lösungen mit denen deiner Mitschüler/innen.

M6.2b Ich im Glück

○ Schreibe nach dem Muster von **M6.2a** Sätze, die sich auf dein eigenes Leben beziehen. Wann hast du einen Menschen gebraucht, damit etwas gut geht oder gelingt?

Wenn meine Mutter nicht …

Wenn …

Wenn …

Wenn …

Wenn …

M 6.6

Anleitung zum Erzählen

Du weißt nicht viel von dieser Räuberfamilie – nicht mehr als das, was du auf den Bildern siehst:

Du kannst dir überlegen:

- Was macht wohl die Mama den ganzen Tag?
- Was macht der Papa?
- Wie erzieht die Mama die Kinder?
- Wie erzieht der Papa die Kinder?
- Was findet die Mama wichtig im Leben?
- Was findet der Papa wichtig im Leben?
- Wovon träumt die Mama?
- Wovon träumt der Papa?

Worüber könnte man sich also streiten!????

Vielleicht fängt es ganz harmlos an ...
Mama sagt: „Wie lange willst du eigentlich noch räubern?"
Papa sagt: „Wieso? Hast du was gegen meinen Beruf?"
Mama sagt: „Also: ‚Beruf' nennst du das?"
Papa sagt: „Es ist mein Beruf. Und als du mich geheiratet hast, hast du das gewusst."
Mama sagt: „Du hast es mir lange verschwiegen!"
Papa sagt: „Hab ich nicht!"
Mama sagt: „Du hast dich geschämt!"
Papa sagt: „Nie im Leben! Ich bin stolz, jawohl stolz auf meinen Beruf. Und meine Kinder ..."
Mama sagt: „Zieh die Kinder da nicht mit hinein!"
Papa sagt: ...

Es kann auch ganz anders gewesen sein! Vielleicht geht es auch um den Sommerausflug, die neuen Tapeten oder ein Haustier für Roderick ... – Du bist ganz frei, dir etwas auszudenken. Dann schlüpfst du in die Rolle der Mama (oder des Papas) und erzählst voller Empörung und Unschuld ...

M 6.7

Schlüsselsätze

Räuberpapa ist zu Hause ausgezogen. Und bald verliebt er sich neu: in eine Prinzessin mit vielen kleinen Prinzessinnen und einem kleinen Prinzen …

Ohne Räuberpapa war das Leben nur halb so schön …

Eines Tages war Papa nicht mehr allein …

„Die gehören jetzt zur Familie“, sagte Papa. „Die bleiben.“

Ab da hatten wir alles doppelt …

Manchmal war Mama traurig …

Manchmal war Papa traurig …

Manchmal war die Prinzessin traurig …

Bei Papa wollten wir mit Papa allein sein, aber immer …

- Lest die Schlüsselsätze laut. Welche Bilder steigen in euch auf?
- Gestaltet zu einem der Sätze eine Bilderbuchseite.

M6.12 Arbeitsblatt *„Reaktionen“*

Die Prinzessin und ihre Prinzessinnenkinder sind fort. Und nun ...?

Die Räuberkinder haben sich das so gedacht ...

1	
2	
3	
4	

Als der Räuberpapa merkt, dass seine neue Familie weg ist ...

1	
2	
3	
4	

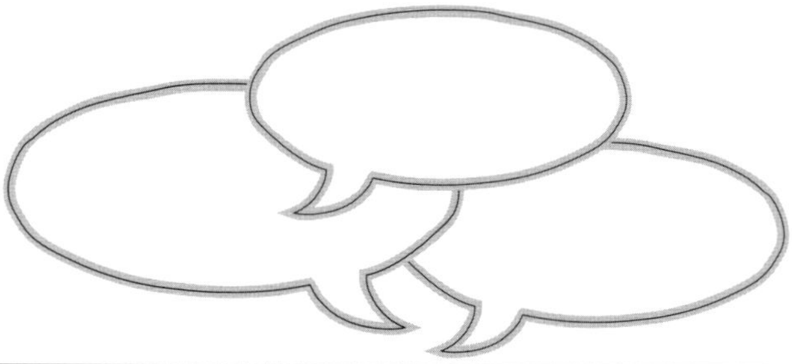

Als die Räuberkinder merken, dass ihr Papa ...

1	
2	
3	
4	

M 6.13

Lied *Vertraut den neuen Wegen*

T: © Klaus Peter Hertzsch

2. *Vertraut den neuen Wegen / und wandert in die Zeit! /*
Gott will, daß ihr ein Segen / für seine Erde seid. /
Der uns in frühen Zeiten / das Leben eingehaucht, /
der wird uns dahin leiten, / wo er uns will und braucht.

3. *Vertraut den neuen Wegen / auf die uns Gott gesandt! /*
Er selbst kommt uns entgegen. / Die Zukunft ist sein Land. /
Wer aufbricht, der kann hoffen / in Zeit und Ewigkeit. /
Die Tore stehen offen. / Das Land ist hell und weit.

M 6.14

Erzählvorlage *Wie Abraham den großen Streit vermied*

Um ein Haar hätte es Tote gegeben. So sehr hassen wir *die da*, die Hirten des alten Abraham. Wir sind die Hirten seines Neffen Lot. Und wir sind im Recht! Oder ist es etwa gerecht, dass *die da* sich immer die besten Weiden nehmen? Ist es etwa gerecht, dass die ihre Herden immer zuerst zum Wasser treiben?

„Abraham ist der Herr!" Wenn ich das schon höre. „Abraham ist der Ältere!", „Abraham ist der Erste!" Unsinn! Das ist Unsinn! Was kann Lot dafür, dass er jünger ist? Und Lots Schafe, was können die dafür? Lot ist stark und klug. Lot ist mein Held. Und seine Herden wachsen schnell. Wir sind alle auf seiner Seite. Gegen *die da*!

Heute Abend, nach einem langen Tag: Wir sind lange unterwegs gewesen, über die Berge in ein Tal, von dem wir wussten: Da wächst das zarteste Grün. Ich selbst hatte diesen Platz entdeckt. Ich hatte es niemandem gesagt, außer Lot und unseren Leuten. Und da – abgefressen, alles abgefressen. Mir stockte der Atem.

Ich reibe mir die Augen, ich blinzle. Und da entdecke ich die Spuren. Sie sind noch nicht lange fort, *die da*. Mit ihren Herden. So sehr packt mich der Zorn, dass ich schreie. Und dann renne ich los. Ihnen nach. Und im Laufen schwinge ich meinen Stecken.

Drei haben wir erwischt, drei von Abrahams Hirten. Die anderen sind uns entwischt. Die Drei aber – fast hätten wir sie totgeschlagen. Im letzten Augenblick habe ich gesagt: „Nein! Wartet! Gefangen nützen sie uns mehr!" Wir haben sie gebunden und zu Lot gebracht, unserem Herrn: „Sperr sie ein", haben wir ihm vorgeschlagen. „Drohe Abraham: Entweder er gibt uns Weide und Wasser oder du tötest seine Männer."

Lot nickt. Er bedankt sich. Er nimmt den Kerlen die Fesseln ab. Er befiehlt seiner Frau, ihre Wunden zu versorgen. Er geht zu Abrahams Zelt. Wir warten. Ich lausche. Aber ich höre kein Geschrei, keinen Streit. Sie kommen aus dem Zelt. Miteinander, wie Freunde, kommen sie aus dem Zelt. Sie steigen auf einen Berg.

Ich kehre zurück zu Lots Zelten. Ich sehe die Kerle da sitzen. Zwei von ihnen. Sie kümmern sich um den dritten. Den hat es schwer erwischt. Vielleicht hätte ich mein „nein, wartet!" eher rufen sollen ...

Dann kommt Lot. „Alles geregelt", ruft er uns zu. „Abraham und ich – wir haben das Land geteilt. Wir haben das Land am Fluss. Abraham nimmt den Rest." Ich staune. Das Land am Fluss ist viel besser! „Herr, wie hast du das gemacht!?" Lot ist mein Held. „Ich habe gar nichts gemacht", sagt Lot. „Abraham hat mir die Wahl gelassen."

„Warum?", frage ich. Lot sieht mich an. „Abraham hat zu mir gesagt: Lot, mein Bruder; Frieden ist mehr wert als Land." Frieden – mehr wert als Weiden und Wasser? Ich staune noch mehr. Ist doch Unsinn, oder?

Nach 1 Mose 13,1–13

M7.3 Textblatt *„Flöckchen“*

Ham hat sich – unbemerkt von seiner Mutter Rhea, wie er meint – mit Flöckchen, dem jungen Rehbock, angefreundet. Gemeinsam streifen sie durch den Winterwald. Einmal versucht Ham, so wie sein Freund über einen zugefrorenen Fluss zu springen ...

Gerade in dem Augenblick, als Ham sich eingestand, dass der Sprung wohl schiefgehen würde, landete er auf dem Fluss – und zerbrach ihn. Auf einen Schlag war es so eiskalt, dass Hams Herz kurz stehen blieb. Anschließend fing es an zu rasen, als Ham zappelte und keuchte und versuchte, sich ans Ufer zu ziehen. „Alarm!“, brüllte irgendwo über ihm eine Krähe. „Alarm! Der Wolf ertrinkt!“ (50)

Mit einem Satz war Flöckchen bei ihm und sofort bildeten sich auch unter seinen Hufen Risse. Unschlüssig trat der Rehbock einen Schritt zurück, um gleich darauf wieder vorsichtig auf der Stelle zu tänzeln. (50)

Der Rehbock warf sich auf den Bauch und robbte vorsichtig an das Loch im Fluss heran. Dann streckte er den Hals und packte Ham mit den Zähnen im Nacken. ... (51)

Auch die Wölfe haben den Alarm der Vögel gehört und kommen rasch näher ...

Ham wurde panisch. Nicht seinetwegen. ... Doch er wusste, dass Wölfe Beute fraßen und dass Flöckchen Beute war. Er wollte nicht, dass sein Freund von seiner Familie gefressen wurde. (52)

Geschmeidig und beinahe lautlos ... lief das Wolfsrudel auf die Lichtung rund um den Fluss. Allen voran Rhea, in deren Augen eine Panik lag, wie Ham sie nie zuvor gesehen hatte. Er hatte sich getäuscht: Es gab doch etwas, was seine Mutter fürchtete. (52)

Mit wenigen großen Sprüngen war sie auf dem Fluss, dann hielt sie inne und starrte den Rehbock an. Nach kurzem Zögern tat sie es ihm gleich ... (52)

Flöckchen ließ nicht los. Ham konnte sehen, welche Überwindung es seinen Freund kostete, mit einer Wölfin Wange an Wange zu sein. (53)

Dann als Ham gerettet ist, aber erschöpft und unterkühlt ...

Hams Augenlider schossen hoch. „M-m-mein Freund, Mama“, presste er zwischen zitternden Lippen hervor. „N-n-nicht frssen, b-b-b-bitte!“ ... „Ist ja gut, mein Kleiner“, sagte Rhea belustigt. „Ich habe ihn schon heute Morgen vor der Höhle gerochen. Und nach jedem eurer gemeinsamen Streifzüge.“

„Danke“, sagte Flöckchen. Rhea schnaubte. „Hilf mir, ihn vom Eis zu ziehen. Das Rudel wird ihn wärmen.“ „Da rüber?“, fragte Flöckchen alarmiert. „Keiner wird dir etwas tun“, versicherte ihm Rhea. Und laut fügte sie hinzu: „Du hast meinen Sohn gerettet, das macht dich zu einem Freund des Rudels. (54)

M7.4

Arbeitsblatt *„Flöckchen“*

© 2014 Loewe Verlag GmbH, Bindlach. Illustrationen von Falk Holzapfel

- Fülle die Denkblasen aus:
- Was geht den Dreien bei der Rettungsaktion für Ham im Kopf herum?
- Besprich dich mit anderen; vergleicht eure Lösungen.

M7.5

Textblatt „Rhea“

Die erste Begegnung

„Määhäääää!“, brüllte die Kreatur im Baumstamm. Erschrocken sprang Feder zurück. Selbst der Fuchs duckte sich hinter eine Wurzel. Nur Rhea rührte sich nicht. Eine Rudelführerin erschrickt nicht. Wäre sie nicht stehen geblieben, vermutlich wäre alles anders gekommen. So aber reckte sich ein schwarzer Lockenkopf aus der Baumhöhle Ein Maul öffnete sich und eine rosa Zunge leckte über Rheas Nase. Die anderen Tiere hielten den Atem an. (19–20)

Rhea blickte das kleine Tierchen mit dem wolligen schwarzen Fell erstaunt an. Sie legte den Kopf zur Seite und stupste es mit der Nasenspitze an. Erneut leckte das Kleine über ihre Schnauze. Rhea gluckste. Ohne sich umzudrehen, sagte sie erfreut: „Das war der Wolfsgruß. Er ist ganz klar einer von uns.“ (20)

Unbeeindruckt sah Rhea dem kleinen wolligen Wesen tief in die goldenen Augen und es blickte zurück. Ohne jede Furcht kam es aus der Höhle und schmiegte sich an sie, genauso wie es ihre Welpen taten. Sie wandte sich um. „Er ist ein Wolf. Ich erhebe Anspruch auf ihn“, rief sie. (20)

Alltag

Ham hat ein paar Besonderheiten ...

Der Bär musterte ihn misstrauisch. „Und die zwei Dinger auf deinem Kopf?“ Tatsächlich wuchsen Ham zwei Zacken aus dem Kopf. Seine Mama sagte, es wären Eckzähne, die in die falsche Richtung wuchsen, und das sei schon in Ordnung. (24)

Ham konnte die Jagd nicht ausstehen. Er war nicht gut darin ... An das, was nach all dem Wittern, Anpirschen und Lauern kam, konnte Ham nicht einmal denken, ohne zu würgen: das Reißen. (26–27)

„Papperlapapp“, rief das Eichhörnchen ... „Du frisst keinen, Wölfchen, das weiß ich ganz genau. Ich seh dich immer Gras futtern. Und dann verpetzt dich deine Schwester bei deiner Mutter. Du bist Vegetarier.“ (27)

Der Rehbock zuckte zusammen. ... „Du riechst nach Wolf“, gab er zu. „Aber du siehst nicht wie einer aus.“ (32)

„Äh ... musst du mich jetzt jagen oder so?“, fragte das Rehkitz aufmunternd. „Eigentlich schon“, murmelte Ham. „Ich bin ein Wolf. Ich fresse Rehe.“ ... Ham dachte nach. Im Grunde hätte er den Rehbock jagen müssen. Nur hatte er dazu nicht die geringste Lust. Eigentlich fand er ihn sogar ganz nett ... (32–33)

Familienleben

Ham muss nicht mit auf die Jagd ...

„Mama", sagte Ham unsicher. „Muss ich unbedingt mitkommen auf die Jagd? Ich bin eigentlich gar nicht hungrig und –" „Schon gut, mein Kleiner." Rhea leckte ihm übers Fell. „Wir sehen uns heute Abend ..."

„Das ist total unfair", rief Feder. „Warum müssen wir jagen und Ham nicht?" Rhea blickte ihre Tochter amüsiert an. „Möchtest du lieber nicht mit auf die Jagd? Soll ich deinen Onkeln und Tanten sagen, dass du es dir anders überlegt hast?" (41)

„Ist trotzdem nicht gerecht", maulte auch Wolke. Er und Brise leckten an Eiszapfen, die so lang waren, dass sie fast den Eingang zur Höhle versperrten. „Worauf hast du letzte Nacht gelegen?", fragte Rhea ihren Sohn. „Auf Farn." – „Und wo kam der her?" – „Keine Ahnung", gab Wolke zu. (42)

Rhea stupste ihn mit der Nase. „Ham hat ihn im Herbst gesammelt. Genau wie das Laub auf dem Höhlenboden und die Rinde, mit der du dir die Zähne schärfst. Jeder hat seine Gaben und seine Aufgaben, keine ist mehr oder weniger wert. Wie sind ein Rudel, zusammen stärker als jeder für sich. Verstanden, Wolke?" – „Ja, Mama", gab Wolke zurück. (43)

M7.6

Arbeitsblatt „*Rhea*“

Rhea erzählt von Ham:

Wie sie ihn kennenlernte

___

___

___

Was sie über Hams Verhalten denkt

___

___

___

Warum sie es duldet, wenn er nicht jagt

___

___

___

Was sie an Ham mag und schätzt

___

___

___

Wie sie sich das Leben mit Ham vorstellt

___

___

___

Und was mag Ham an seiner Wolfsmama?

___

___

___

___

M 7.7

Lied *Er hält die ganze Welt in seiner Hand*

Traditional, Verfasser unbekannt

2. *Er hält den Tag und die Nacht in seiner Hand,*
   er hält die Erde und den Himmel in seiner Hand,
   er hält das Land und das Meer in seiner Hand,
   er hält die Welt in seiner Hand.

3. *Er hält die Sonne und den Mond in seiner Hand,*
   er hält den Wind und den Regen in seiner Hand,
   er hält den großen Regenbogen in seiner Hand,
   er hält die Welt in seiner Hand.

4. *Er hält die Bäume und die Büsche in seiner Hand,*
   er hält die Tiere auf dem Felde in seiner Hand,
   er hält die Vögel und die Blumen in seiner Hand,
   er hält die Welt in seiner Hand.

5. *Er hält den Vater und die Mutter in seiner Hand,*
   er hält den Bruder und die Schwester in seiner
   Hand, er hält das süße kleine Baby in seiner Hand,
   er hält die Welt in seiner Hand.

6. *Er hält auch dich und mich, mein Bruder,*
   in seiner Hand,
   er hält auch dich und mich, mein' Schwester,
   in seiner Hand,
   er hält auch euch, meine Freunde, in seiner Hand,
   er hält die Welt in seiner Hand.

M7.9 Arbeitsblatt *„Ham und die Tiere des Waldes“*

„Dann gehst du mit den anderen auf die Jagd?“, fragte der Bär. Das war der wunde Punkt. ... „Klar geh ich auf die Jagd!“, prahlte Ham laut. „Ich fresse so gern andere Waldbewohner ... Hasen ... und Rehe und ... so was. Hmmm, lecker!“ (26 f.)

- Erkläre dem Eichhörnchen, warum Ham nicht gern „Vegetarier“ genannt werden möchte.

Fuchs: „Moin, lütter Wolf. Wohin des Wegs?“

Ham: Guten Tag. Ich wollte gerade das Eichhörnchen fressen.“

Fuchs: „Dann bist du auf der Jagd, kleiner Wolf?“

Ham: „Äh ... ja, Herr Fuchs.“

Fuchs (schnüffelnd): „Ich bin sicher, du hast Glück. ’s riecht nach Beute.“

Ham: „Ähm, danke.“ (28 f.)

- Schlüpfe in die Rolle des Fuchses. Was denkt Ignatius in Wirklichkeit über den „kleinen Wolf“?

 |

M7.10

Arbeitsblatt *„Ham und Feder“*

Ham hat das Lied des Kuckucks gehört. Dann schläft er ein, erschöpft von seinem Abenteuer am Fluss. Als er wieder aufwacht, ist Feder bei ihm. Die anderen Wölfe sind unterwegs.

Hier sind einige wichtige Stellen aus dem folgenden Gespräch:

„Geht es dir gut?“, fragte Feder. Ham dachte nach. Ging es ihm gut? Er fühlte sich, als hätte er etwas gegessen, was er nicht verdauen konnte. Aber sein Magen war nicht das Problem ... (58)

„Der Kuckuck hat gesagt ...“ Als es ihm einfiel, wurde Ham plötzlich wieder eiskalt, nur diesmal kam die Kälte nicht von außen, sondern von innen. „ ... dass ich kein Wolf bin.“ (59)

„Dein Fell ist anders und deine Zähne sind anders“, sagte Feder. „Du hast kleine Hörner wie ein Rehbock. Deine Füße sind anders. Sie sehen nicht aus wie Wolfspfoten. ... Und das Schlimmste: Du bist mit einem Reh befreundet und willst es nicht fressen.“ – „Dann ... dann bin ich ein Reh?“, fragte Ham fassungslos. „Ich bin Beute?“ (59)

Ham wurde wütend wie nie zuvor in seinem Leben. „Wenn es so offensichtlich ist, dass ich kein Wolf bin, dann haben es alle gewusst. Alle. Deshalb fürchtet sich keiner vor mir. Deshalb lachen sogar die Hasen über mich.“ (59)

○ Erkläre Feder, warum Ham so wütend wird.

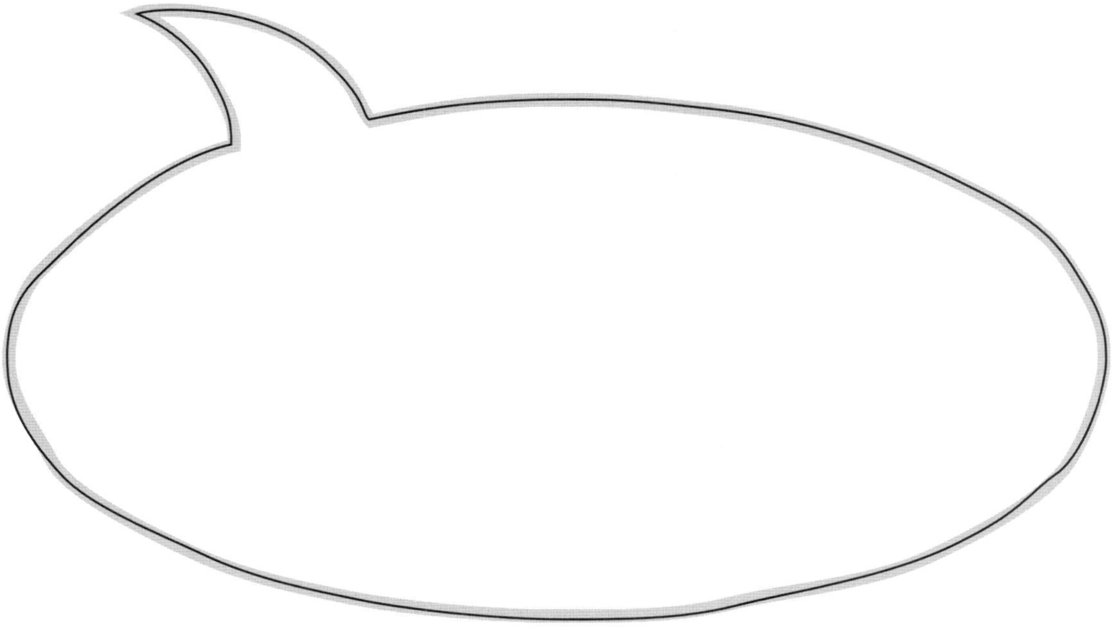

M7.11

Arbeitsblatt „Opfer bringen“

In der Not sind sie da …

Flöckchen:

Er fürchtet nichts so sehr wie Wölfe, aber als Ham ins Eis eingebrochen ist …

Feder:

Sie hat kein Verständnis für Hams Eigenarten, aber als er sich allein auf die Suche nach seiner Mutter macht …

Quentin:

Er fürchtet nichts auf der Welt mehr, als jemals wieder hinter einem Zaun zu sein. Aber als Ham allein auf die Schafweide soll …

Nobia:

Sie tut so, als sei sie komplett eigensüchtig, aber als Ham allein zu den Schafen geht …

Pastor:

Er droht mit einem Kampf auf Leben und Tod, aber als er Ham gegenübersteht …

- Vervollständige die Sätze.
- In einem Satz: Was haben all diese Szenen gemeinsam?

M 7.12

Lied *In der Mitte der Nacht*

Text: Sybille Fritsch
Musik: Fritz Baltruweit

2. Ich will Licht sein, wenn die Nacht dich schreckt,
   die richtigen Worte finden,
   die die Liebe weckt. Ich will Licht sein.

Refrain

M 7.14

Textblatt *Pastors Rede*

Als Ham auf die Weide zu den Schafen will, erklärt ihm der Hütehund Pastor die Regeln (140):

„Eines noch: Von dieser Seite auf die andere steht der Weg dir frei. Solange du da drin bist, schütze ich dich mit meinem Leben. Wenn du hingegen rauswillst, bin ich dein Feind. Zweimal habe ich versagt, aber kein drittes Mal. Wer da drin ist, gehört mir. Ich stehe zwischen dir und der Freiheit."

Illustrationen von Falk Holzapfel

„Wenn du reinwillst: Der Weg führt durch meine Hütte. Aber sei dir bewusst, dass es eine Entscheidung ist, die du nicht mehr zurücknehmen kannst."

M7.15 Text- und Arbeitsblatt *Das Wunder*

Ham haut ab, mit Hilfe seiner Schaf-Mama, aber verfolgt von Pastor. Ham denkt an Pastors Rede – und stellt sich vor ...

- Schreibe Hams Gedanken auf.

Auf einmal tauchen Hams Gefährten auf und stellen sich neben ihn.

- Schreibe Hams Gedanken auf (kurz).

Und Pastor?
„Das ändert nichts“, sagt er.
Und dann: „Ich ersuche um Zuflucht.“

- Mal ehrlich: Was hast *du* da gedacht???

M 7.17

Lied *Korn, das in die Erde*

Joh 12,24

T: Jürgen Henkys (1976) 1978 nach dem
englischen „Now the Green Blade Rises"
von John McLeod Campbell Crum 1928
M: „Noël Nouvelet" Frankreich 15. Jh.

2. Über Gottes Liebe brach die Welt den Stab
wälzte ihren Felsen vor der Liebe Grab.
Jesus ist tot. Wie sollte er noch fliehn?
Liebe wächst wie Weizen, und ihr Halm ist grün.

3. Im Gestein verloren Gottes Samenkorn,
unser Herz gefangen in Gestrüpp und Dorn –
hin ging die Nacht, der dritte Tag erschien:
Liebe wächst wie Weizen, und ihr Halm ist grün.

M7.18

Erzählvorlage *Was Abraham von Gott lernte*

Ich weiß bis heute nicht, was da oben geschehen ist, auf dem Berg Moriah. Er ist unheimlich, dieser Berg, immer im Nebel. Er hat sein eigenes Wetter. Manche sagen: Unser Gott lebt da oben. Andere sagen: nicht unser Gott. Ein fremder, ein uralter, wild und unberechenbar. Ich aber habe gelernt: Es gibt nur einen wahren Gott. Wild im Zorn, aber berechenbar und gut und meistens gnädig.

Eines Tages brach mein Herr, Abraham, zum Berg Moriah auf. Den Jungen nahm er mit, Isaak, seinen Augapfel. Und mich, seinen Diener. „Ich werde ein Opfer bringen", sagte Abraham. „Belade den Esel mit Brennholz."

„Was werden wir opfern?", fragte Isaak, sein Sohn, auf dem Weg. „Gott wird sich sein Opfer wählen", sagte Abraham.

Ja, und da, in dem Augenblick, da war es mir, als ob der Boden unter meinen Füßen wankte. Vielleicht, dass Abrahams Stimme unsicher klang. Vielleicht, dass Isaaks Frage mich zum Nachdenken brachte. War es nicht wirklich seltsam, dass wir kein Opfertier mitgenommen hatten? Daheim hatten wir gerade neue Zicklein und ein schneeweißes Lamm.

Was werden wir opfern? Isaaks Frage blieb in meinem Kopf hängen. Und Abrahams Antwort: Gott wird sich sein Opfer wählen. Auf dem Berg Moriah ... Ich schauderte. Unheimlich ist er, der Berg Moriah. Und das Gerede von dem wilden Wettergott. Einst hat er Menschenopfer verlangt, der alte Wilde. Das erste Kind jedes Mannes.

Von da an behielt ich Abraham im Blick. Schwer stützte er sich auf seinen Stock. Ab und zu seufzte er im Gehen. Er schien Schmerzen zu haben. Oder Angst? Isaak merkte es auch. Er sprach nicht mehr. Schweigend gingen wir weiter.

Ich erschrak, als Abraham schließlich stehen blieb und sprach: „Du bleibst hier", sagte er zu mir. „Du wartest hier. Isaak und ich – wir steigen allein auf den Berg." Eine Wolke schob sich vor die Sonne. Und wieder wankte der Boden. „Kommt wohlbehalten wieder", sagte ich. „Beide." Und als ich den beiden nachsah, die den Esel mit dem Holz zwischen sich führten, sagte ich noch: „Gott ist gnädig."

Als sie schließlich wiederkommen – wie leicht sind ihre Schritte. Isaak hat sich eine Pfeife geschnitzt. Darauf spielt er eine Melodie. „Schalom", sage ich. Das heißt: Frieden. „Ja", sagt Abraham. Und sein Gesicht strahlt. „Frieden zwischen Gott und mir. Frieden zwischen Vater und Sohn."

„Was für ein Opfer hat Gott sich gewählt?", frage ich. „Gott will keine Opfer", sagt Isaak. „Und weißt du: Vater hat das nicht gewusst!" Ein Schatten fliegt vorüber. „Jetzt weiß ich es", sagt Abraham. Mehr nicht. Bis heute weiß ich nicht, was da geschehen ist, oben auf dem Berg Moriah.

Nach 1 Mose 22,1–14

M8.1

Rückblick

Du hast die Geschichte vom wilden Määäh gelesen. Hier kannst du noch einmal zurückblättern: Was hat dir gefallen und Eindruck gemacht?

Mein Lieblingsheld	Was mir so gut an ihm / ihr gefällt

Die schönste Stelle	Was mir so gut daran gefällt

Die spannendste Stelle	Was ich so spannend daran finde

Die traurigste Stelle	Was ich so traurig daran finde

Ein Satz zum Nachdenken	Was das für mich bedeutet

Merk-würdig	Das nehme ich mit ...

M8.2

Schreib-los *Eine Fortsetzung für Ham und seine Freunde*

Hams Abenteuer ist zu Ende; seine Suche hat ein Ende.

Ham ist zurück bei den Wölfen.

Flöckchen ist zurück bei seinen Eltern.

Und Quentin? Quentin sucht den wilden Widder …

Sind eigentlich alle Fragen geklärt?

Wird Ham seine Schaf-Mama je wiedersehen?

Und Madame Nobia?

Was tut Ignatius?

Was sagt Onkel Bär?

Und das Eichhörnchen …?

Kannst du dir vorstellen, wie es weitergeht?

- Stell dir vor, du hättest den Auftrag, ein neues Abenteuer für Ham und die anderen zu erzählen … Was würde darin vorkommen?

Mögliche Anfänge

Eines Morgens erwachte Ham viel zu früh. Das heißt: Etwas hatte ihn geweckt …

„Ich habe Langeweile“, klagte Feder eines Tages …

„Hilfe!“, schrie es durch den Wald. Ham spitzte die Ohren. Diese Stimme kannte er …

- Suche dir einen der Anfänge aus oder erfinde einen eigenen. Und dann: Schreib los!

M8.3a

Arbeitsblatt *Länder*

Land unserer Wahl: ______________________

Wie weit von uns entfernt? ______________________

Klima ______________________

Sprache ______________________

Religionen ______________________

Was sich über die Christen in diesem Land herausfinden lässt …

M8.3b

Arbeitsblatt *Länder*

Länder, mit denen wir uns beschäftigt haben

____

Land, das wir heute ausgesucht haben

____

Informationen, die uns interessieren

a. über die Menschen
b. über das tägliche Leben
c. über die christliche Kirche dort
d. über Gottesdienst und Gemeindeleben

a. ______________________________________

____

b. ______________________________________

____

c. ______________________________________

____

d. ______________________________________

____

M8.4

Lied *Immer und überall*

Text und Melodie: Daniel Kallauch

 |

M8.7

Erzählvorlage *Der Tag, an dem die Menschen sich wieder verstanden*

Mein Mann sagt oft, ich übertreibe. Das stimmt nicht. Übertreiben tue ich nicht. Aber ich lasse mich begeistern.

Es ist am Fest der Ernte, Schawuot. Wir sind nach Jerusalem gekommen, um im Tempel zu beten – wir alle, beinahe unser ganzes Dorf. Für mich liegt ein Schatten über der heiligen Stadt. Der Tod jenes Rabbis aus Nazareth. Jesus, sie haben ihn gekreuzigt. Hier, in Jerusalem, haben sie ihm den Prozess gemacht. Und ich sage: Das war Unrecht.

„Sei lieber still", sagt mein Mann. Aber ich, ich habe Jesus kennengelernt. Einmal kam er in eines der Dörfer, nicht weit von uns. Und meine Freundinnen und ich, wir brachten ihm unsere Kinder. „Segne sie", wollten wir ihn bitten. Seine Jünger stellten sich uns in den Weg. Jesus aber sagte: „Lasst die Kinder zu mir kommen." Freundlich und heilig war er. Seitdem liebe ich ihn – nicht so wie meinen Mann. Eher vielleicht so wie Gott. Und dann haben sie ihn getötet. Ich habe geweint, als ich davon hörte, tagelang. „Du übertreibst", sagte mein Mann. Aber ich weiß: Auch er war betroffen.

Ich kann mich über Jerusalem nicht freuen, an diesem Erntefest nach Jesu Tod. Es liegt ein Schatten über der heiligen Stadt. Mir ist, als rieche ich Blut. Langsam gehen wir durch die Gassen. Wir nähern uns dem Tempel. Die Gassen sind voller Menschen. Ich höre: Viele sind fremd. Ich höre sie reden, aber ich verstehe sie nicht. Sie sprechen Griechisch, Lateinisch, Persisch, Syrisch …

„Was für ein Sprachgewirr!", sagt mein Mann. Und ich nicke. „Das ist so, seit Gott der Herr die Sprachen verwirrte. Er tat es, weil die Menschen hochmütig wurden." Mein Mann lacht. „Frau", sagt er, „das ist eine Geschichte!" Eine sehr bedenkenswerte Geschichte, denke ich. Aber lassen wir das.

Gerade geht eine Tür auf. Männer kommen aus einem der Häuser. Sie laufen geradewegs in die Gasse. „Er lebt!", rufen sie. „Er ist auferstanden! Er ist wahrhaftig auferstanden!" Auf einmal spüre ich frischen Wind und Glanz liegt auf der Stadt. Ich habe diese Männer schon gesehen, neulich, als ich den Segen erbat für die Kinder. Seine Jünger. Ich weiß, von wem sie reden. Feuer der Freude, Wind des Lebens: Jesus! Jesus lebt!

Wir fangen alle an zu jubeln, alle, die es hören. Es duftet nach Blüten, rings um uns her. Er lebt. Er ist wahrhaftig auferstanden. Wir fassen uns an den Händen. Da, wo wir uns eben noch drängten, tanzen wir: Schalom, Schalom alechem! Frieden für uns alle!

Mein Mann schüttelt den Kopf. „Sind hier alle verrückt geworden? Komm, Frau, wir wollten doch zum Haus Gottes!" „Heute ist Gott hier", sage ich. „Mitten in unserer Freude!" Erst später, auf dem Heimweg fällt es mir auf: Die Menschen auf der Straße – sie haben sich alle verstanden! Mein Mann sagt, ich übertreibe. Ich sage: Die gute Nachricht hat das Sprachgewirr überwunden.

Nach Apg 2

Die *Spruchbänder*

nach Ps 18,30	**Mit meinem Gott kann ich über Mauern springen!**	E1
nach Jes 55,8	Gott spricht: „Meine Gedanken sind anders als eure Gedanken, und eure Wege sind anders meine Wege.“	E2
nach 1 Mose 9,13	**Gott spricht: „Meinen Bogen habe ich in die Wolken gesetzt, zum Zeichen des Friedens und der Freundschaft zwischen Mensch und Gott.“**	
nach Lk 6,31	**Jesus spricht: „Behandelt die Menschen so, wie ihr selbst von ihnen behandelt werden wollt.“**	E3
nach 1 Kor 10,24	Paulus schreibt: „Achtet nicht auf den eigenen Vorteil, sondern auf das, was anderen gut tut und Frieden schafft.“	
nach Gal 3,28	Paulus schreibt: „Es kommt nicht darauf an, wer ihr seid: Mann oder Frau, arm oder reich, frei oder gebunden, getauft oder nicht. Alle gehört ihr zu Gott durch Jesus Christus.“	E4
nach Klg 1,20	Ach HERR, sieh doch, wie bange ist mir. Mir dreht sich das Herz im Leibe um, weil ich dich enttäuscht habe.	
nach Röm 5,1	**Paulus schreibt: „Wir dürfen glauben: Wir sind Gott recht. Wir haben Frieden mit Gott durch Jesus Christus.“**	
nach 1 Joh 4,9	Johannes schreibt: „Gott hat seinen Sohn zu uns geschickt, damit er uns mit Gott versöhnt. Daran seht ihr, wie sehr Gott euch liebt.“	
nach Mt 25,40	**Christus spricht: „Was ihr für eines meiner Geschwister tut, das tut ihr in Wahrheit für mich.“**	E5
nach Offb 21,4 f.	**Christus spricht: „Das Alte vergeht. Siehe: Ich mache alles neu.“**	E6
nach Mk 1,11	Gott spricht: „Du bist mein Kind; ich halte zu dir.“	E7
nach Mk 14,31	Petrus verspricht Jesus: „Auch wenn ich sterben muss – ich halte zu dir.“	
nach Gal 3,28	Paulus schreibt: „Es kommt nicht darauf an, wer ihr seid: Mann oder Frau, arm oder reich, frei oder gebunden, getauft oder nicht. Alle gehört ihr zu Gott durch Jesus Christus.“	E8

